经济学学术前沿书系
ACADEMIC FRONTIER
ECONOMICS BOOK SERIES

山西三次经济转型过程中的金融先导作用研究

——以明清至民国时期为考察范围

杨国佐◎著

经济日报出版社

图书在版编目（CIP）数据

山西三次经济转型过程中的金融先导作用研究：以明清至民国时期为考察范围／杨国佐著．-- 北京：经济日报出版社，2021.9

ISBN 978-7-5196-0922-1

Ⅰ．①山… Ⅱ．①杨… Ⅲ．①地方经济-转型经济-经济史-研究-山西-明代-民国 Ⅳ．①F129

中国版本图书馆 CIP 数据核字（2021）第 180499 号

山西三次经济转型过程中的金融先导作用研究
——以明清至民国时期为考察范围

作　　者	杨国佐
策划编辑	刘　畅
责任编辑	黄芳芳
责任校对	梁沂滨
出版发行	经济日报出版社
地　　址	北京市西城区白纸坊东街 2 号 A 座综合楼 710（邮政编码：100054）
电　　话	010-63567684（总编室） 010-63584556（财经编辑部） 010-63567687（企业与企业家史编辑部） 010-63567683（经济与管理学术编辑部） 010-63538621　63567692（发行部）
网　　址	www.edpbook.com.cn
E-mail	edpbook@126.com
经　　销	全国新华书店
印　　刷	北京建宏印刷有限公司
开　　本	710 毫米×1000 毫米　1/16
印　　张	11.75
字　　数	200 千字
版　　次	2021 年 9 月第 1 版
印　　次	2021 年 9 月第 1 次印刷
书　　号	ISBN 978-7-5196-0922-1
定　　价	42.00 元

前 言

由于山西独特的资源禀赋与战略位置，山西的经济在政府主导下，经过几十年的发展，逐步演化为资源型经济。资源型产业在该区域国民经济中占据了绝对支配地位。在投资倾斜、短期利益驱动下，资源型产业得到超常规发展，使得该区域其他产业的发展受到相应的抑制甚至挤出。山西产业结构长期处于较低层面，产品初级化特征明显，对经济的可持续发展产生了极大的负面影响。山西经济转型迫在眉睫。

从二十世纪末以来，山西省委、省政府对山西经济转型发展的必要性和紧迫性的认识经历了由浅到深、由表及里的一个过程，并逐步确立了经济转型的发展战略，积极推动经济的转型。但是，转型的效果却不太明显。2010年底国家发展改革委员会正式批复设立“山西省国家资源型经济转型综合配套改革试验区”。在此背景下，山西经济的转型发展在政策层面引起了极大关注，与此相关的学术研究和探索也层出不穷。目前的大量研究局限于政策试验层面，包括产业结构调整、技术结构调整、产品结构调整和区域布局调整等诸多领域。而对于经济转型的推动力问题——经济转型发展的原始推动力及持续推动力——的研究涉及较少。

在新的国际、国内经济社会发展背景下，以资源型经济为主的山西经济发展模式面临着科学发展观指导下的战略转型。在这次转型过程中不仅需要相关科学理论的指导，而且更需要历史实践经验的借鉴。本书将研究视角由当前的时点拓展至长期的历史发展过程。在金融史的基础上运用金融先导理论，通过对山西历史上三次经济演化转型历史过程——从明清时期山西的商业、金融业的革命到1840-1911年工业化雏形，再到民国时期的全面工业化——进行系统的历史分析，总结山西经济长期发展和几次转型的历史规律，试图寻找出经济演化发展过程中的源动力，为山西资源型区域经济转型和金融支持协调机制的构建找到科学的路径与方法。

山西经济的演化发展有其独特之处。由于其独特的自然环境和地理位置条件，山西较早地实现了由原始社会时期的狩猎和采集经济向原始畜牧业和农业经济的过渡，也由于其农牧兼宜的自然环境及政府的政策，从虞夏到宋元时期三千余年的时间里，山西以种植业为主的农业并没能直接成为经济的主导部门，而是在与畜牧业的兴衰更替中逐步确立了传统农业经济的主导地位。在农业的发展过程中，有限的地力不足以养活日益增加的人口，从事手工业或者外出经商的人逐渐增多，到了明清时期，山西商业日趋发展和繁荣，甚至形成了“业贾者十之六、七”的局面。由于明清时期商业兴盛，山西商业积累了雄厚资本。阎锡山统治期间实施了一系列经济促进措施，在钢铁、机械、化学、电力、建材等方面投入了很大资本，山西近代工业得到发展，在 20 世纪三、四十年代，一跃成为工业强省。新中国成立以后，在资源禀赋优势、国家宏观经济政策和产业投资倾斜政策的多重因素综合作用下，山西走上了全面工业化的道路。特别是在国家大规模投资的推动下，历经建国初期的重点项目建设，六、七十年代“三线建设”和改革开放后大规模的能源基地建设，山西最终转型为资源倚重型的区域经济体系。

山西经济在以上所述演化发展过程中，经历了五次经济转型。分别是：原始社会时期的狩猎和采集经济向原始畜牧业和农业经济的转型；农牧混合经济向商业经济转型；商业经济向初步工业化经济转型；初步工业化经济向全面工业化经济转型；全面工业化经济向能源重化工经济转型。作者截取了明清时期到民国时期这段历史时期作为研究对象。从这段历史回顾中，可以看到山西经济在这段历史时期曾经历了三次明显的经济转型。一是明清时期由传统农牧混合经济向商业经济转型；二是清朝末年由商业经济向初步工业化转型；三是民国时期由初步工业化向全面工业化转型。

本书用三章的篇幅分别对以上三个阶段进行了深入的研究、分析。在每一个阶段都把当时山西经济、金融的发展状况作为研究对象，以归纳、总结金融在经济转型发展过程中对经济的推动作用。

明清时期山西经济经历了从自然的农牧混合经济向商业经济的转型。从宏观的、历史的角度来看，从汉代时期开始的多民族杂居，生产模式、生活习惯的不同造成了交易的人文必然性；从经济地理的角度来看，龙门碣石线横穿整个三晋大地，在整个山西地域内形成农牧混合的经济模式，形成区域内生产产品的差异性，具有了交易的自然必然性。所以，随着交易的频度、规模、范围的不断扩大和提高，半职业化、职业化的商人自然而然就产生了。商业资本也就慢慢积累了起来。随着印局、账局、票号等金融机构的出现，经济向商业化转型的速度加快、范围扩大。但是，由于没有政府的引导和支持，仅仅依靠自由市场经济中的民间资本的推动，经济演化转型的速度还是较为缓慢的。

清末，以政府为主导的洋务运动兴起，对山西经济的演化发展起到了促进作用，山西经济开始向初步工业化转型。清末山西金融的发展以票号的繁荣为显像。金融资本推动了山西工业革命的初始发展，但是由于后期推动力不充足，并没有很好地推动产业革命、工业化。主要是因为金融资本一直游离在实体经济之外，没有很好地融入生产之中。即使在票号鼎盛时期，金融资本也没有更多的进入生产领域，导致山西省内经济金融支持力度不足。

民国时期，阎锡山制定了一系列金融先行发展政策，推动了山西经济向全面工业化演化转型。在这次山西经济工业化转型过程中，政府主导的强制性金融先导政策作用明显。

作者通过对山西历史上三次经济转型发展的分析、研究，得出结论：金融在经济发展过程中，尤其是经济转型发展过程中具有先导作用。但是，依据行使先导职能的主体的不同，金融先导分为自由市场经济下的民间的金融先导和政府的金融先导。这两种金融先导对经济的作用是不同的。在明清时期商业化转型过程和清末初步工业化转型过程中，行使金融先导职能的是民间金融。但当时民间金融实力较弱，又没有合适的经济、金融政策环境，民间金融对经济的先导作用不是很明显。在民国时期，山西经济进行全面工业化转型过程中，行使金融先导职能的是政府金融。在阎锡山大力推动金融创新、金融先行的经济、金融政策主导下，金融对经济转型发展的效果是明显的，成绩也是显著的。

通过对历史的回顾，作者发现金融先导对经济转型发展的重要作用。本书最后提出，在当前山西经济面临再一次转型发展的关键时刻，政府必须充分运用金融先导战略，引导民间资金流向新兴产业，实现山西经济向可持续发展的轨道上转型。

Preface

Due to Shanxi's unique resource endowment and strategic position, Shanxi's economy has gradually evolved into a resource-based economy after decades of development under the leadership of the government. Resource-based industries occupy the absolute dominant position in the regional national economy. This transnormal development of resource-based industries, driven by investment tilt and short-term profits, has resulted in the corresponding suppression of the development of other industries. Shanxi's industrial structure has been at a relatively low level for a long time, with obvious features of the primary of product. This has had a huge negative impact on the sustainable development of the economy. Economic transition is imperative.

From the end of the last century to the present, the government of Shanxi province has gradually noticed the necessity and urgency of Shanxi's economic transition and established the development strategy of economic transition step-by-step. However, the effect of the transition is inconspicuous. By the end of 2010, the National Development and Reform Commission officially approved the establishment of "Shanxi Province National Resource-based Economic Transformation Comprehensive Supporting Reform Experimental Zone." In this context, the transformation and development of Shanxi's economy has drawn great attention at the policy level, and relevant academic researches and explorations are also emerging in an endless stream. At present, a large number of studies are limited to the policy experiment level, which includes many fields such as industrial structure adjustment, technological structure adjustment, product structure adjustment and regional layout adjustment. The research on the driving force for economic restructuring – the original impetus and continuous driving force of economic restructuring – involves less.

Under the new international and domestic economic and social development, the mode of Shanxi's economic development based on resources is faced with the strategic transformation under the guidance of scientific development concept. In this process of transformation, not only the guidance of relevant scientific theories is required, but also the guidance of historical practical experience. This article extends the research perspective from the current point to the long-term historical development. On the basis of financial history, this paper uses the theory of financial front and analyzes the historical process of the three economic transitions in Shanxi history - from the revolution of commerce and finance in Shanxi during the Ming and Qing Dynasties to the embryonic form of industrialization in 1840-1911 and the comprehensive Industrialization - Conducting a systematic historical analysis, summarizing the historical laws of Shanxi's long-term economic development and several transitions, attempting to find the source impetus in the process of economic evolution and development, finding science for the economic restructuring of Shanxi's resource-based regions and the establishment of the coordination mechanism for financial support the path and method.

Shanxi's economic development has its unique characteristics. Due to its unique natural environment and geographical conditions, Shanxi earlier realized the transition from primitive hunting and collecting industries to primitive livestock husbandry and agriculture. Because of its natural environment for agriculture and animal husbandry, as well as government policies, From Yu Xia to the Song and Yuan dynasties more than three thousand years, the farming-oriented agriculture in Shanxi Province did not directly become the dominant economic department, but gradually established the traditional agricultural economy in the process of the rise and fall of livestock husbandry leading position. In the process of agricultural development, the limited manpower was not sufficient to feed the growing population, and the number of people engaged in handicraft industry or going out for business increased gradually. By the Ming and Qing Dynasties, the business of Shanxi Province was developing and flourishing day by day and even formed the situation that "60%-70% of people are doing business". Due to the flourishing business, Shanxi's commercial sector accumulated abundant capital. During the reign of Yan Xishan, a series of measures were taken to promote it. Great investments were made in the fields of steel, machinery, chemicals, electricity and building materials. Modern industry in Shanxi was developed. In the twentieth century, In the forties, became an industrial province. After the founding of new China, under the combination of multiple factors such as advantages in resources endowment, state macroeconomic policies and industrial investment tilt policies, Shanxi embarked on a road of full industrialization. In particular, under the impetus of large-scale national investment, after the construction of major projects in the early days of the founding of the PRC, the "third line construction" in the 1960s and the 1970s and the large-scale energy base construction after the reform and opening up, Shanxi eventually transformed into a regional economy system that relies heavily on resources.

Shanxi's economy has undergone five economic transitions during the evolution and development as described above. They are: the hunting in the primitive society and the transition from collecting economy to primitive livestock husbandry and agricultural economy; the transition from agro-pastoral mixed economy to commercial economy; the transition from commercial economy to preliminary industrialized economy; the transition from initial industrialized economy to full industrialized economy; the comprehensive industrialized economy Economic restructuring to energy heavy chemical industry. This paper intercepts the Shanxi historical period from the Ming and Qing Dynasties to the Republic of China as the research object. From this historical review, we can see that Shanxi's economy experienced three obvious economic transitions during this historical period. First, the transition from the traditional farming-pastoral mixed economy to the commercial economy during the Ming and Qing Dynasties; secondly, the transition from commercial economy to initial industrialization in the late Qing Dynasty; and third, the transition from initial industrialization to full industrialization in the Republic of China.

This article uses the length of three chapters respectively to carry on the deep research and the analysis to the above three stages. At each stage, the current economic and financial development in Shanxi was taken as the research object to summarize the promoting role of finance in the economic transformation and development.

During the Ming and Qing Dynasties, Shanxi's economy experienced a transition from a mixed agriculture-pastoral economy to a commercial economy. From a macroscopic and historical perspective, the cultural inevitability of the transaction resulted from the multi-ethnic population, production patterns and living habits during the Han Dynasty. From the perspective of economic geography, the Longmen stone line traversed the entire Sanjin area, In the entire region of Shanxi formed a mixed farming and animal husbandry economic model, the formation of regional differences in the production of products, with the natural inevitability of the transaction. Therefore, as the frequency, size and scope of transactions continue to expand and increase, semi-professional and professional businessmen naturally emerge. Commercial capital is also slowly accumulated. With the advent of printing houses, account offices, exchange shop and other financial institutions, the transformation of the economy to commercialization has accelerated and the scope has been expanded. However, without government guidance and support, the pace of economic evolution is still relatively slow to rely solely on the promotion of private capital in the free market economy.

In the late Qing Dynasty, the rise of the Westernization Movement led by the government played a catalytic role in the evolution and development of Shanxi's economy. Shanxi's economy began to undergo initial industrial transformation. The development of Shanxi finance in the late Qing dynasty represented the prosperity of exchange shop. Financial capital promoted the initial development of the industrial revolution in Shanxi Province, but the impetus was not sufficient and did not promote the industrial revolution and industrialization well. Mainly because financial capital has always been free from the real economy and has not been well integrated into production. Even at the peak of the exchange shop, financial capital did not enter the production area more, leading to the lack of economic and financial support in Shanxi Province.

During the period of the Republic of China, Yan Xishan formulated a series of preferential financial development policies and promoted the transformation of Shanxi's economy to a full-scale industrialization. In this process of economic industrialization in Shanxi, the government-led mandatory financial precursor policy plays a significant role.

Through the analysis and study of the three economic restructuring and development in Shanxi history, this article concludes that finance plays a leading role in the process of economic development, especially in the process of economic restructuring and development. However, depending on the main body exercising the leading function, the financial leaders are divided into non-governmental financial leaders under the free market economy and the government's financial leaders. The role of these two financial leaders in the economy is different. During the process of commercialization in the Ming and Qing Dynasties, in the process of initial industrialization transformation in the late Qing Dynasty, non-government finance was carried out by exercising the leading function of finance. At a time when private financial strength was weak and there was no suitable economic and financial policy environment, the leading role of the economy was not obvious. During the period of Republic of China, in the process of the comprehensive industrialization of Shanxi's economy, the government finance took the lead in exercising the financial leading function. Driven by Yan Xishan's efforts to promote financial innovation and the financial-first economic and financial policies, the effect of finance on the economic restructuring and development is obvious with remarkable achievements.

Through the review of history, we find that financial guiding plays an important role in the economic transition and development. At the crucial juncture of the current transition and development of Shanxi's economy, the government must make full use of the financial guiding tactic and lead private funds flow to emerging industries so as to realize the transformation of Shanxi's economy to sustainable development.

目　录

CONTENTS

第1章　绪论

本章是全书的前言部分，主要对本研究的选题背景、选题意义以及相关学术史和研究基础做一说明，并对本研究的方法、内容及全书的基本结构安排进行简单概括，同时总结本研究的创新点及不足。

1.1 研究背景与意义

马克思在论述法国大革命时说，人们创造自己的历史，但不是随心所欲，而是“从过去继承下来的条件下创造”①。他在论历史时说，“历史不外是各世代的交替”，每一代必须接受前一代留下来的“生产力总和，人和自然以及人与人之间的历史上形成的关系”②。这三者是不能割断的，只能继承下来进行改造。所以，任何一个经济体都是在其前期发展的基础上，在当期具备的各种客观条件下及面临的国际、国内多方面环境下，通过创新、发展而逐步演化转型发展。

本书研究的主要目的，就是从长期的历史视角对山西经济的长期演化发展史进行分析，揭示山西经济长期演化和转型的历史规律，推动山西经济、金融演化发展史研究的深入，同时，为当前山西面临的经济转型在理论和实践上提供一些有益的启迪。

1.1.1 当前山西经济所面临的发展困局及转型紧迫性

（1）山西经济面临的发展困境

山西自20世纪80年代确立为国家能源重化工基地以来，通过煤炭资源的大规模、高强度开发，为国家提供了强有力的能源支撑，同时也付出了沉重的资源代价、环境代价和后续发展能力的代价。到20世纪90年代初期，山西省各个地区相继出现了不同程度的经济增长和产业结构的病态问题，由

① 中央编译局，马克思恩格斯全集（第一卷）[M]．北京：人民出版社，1960：603.

② 中央编译局，马克思恩格斯全集（第一卷）[M]．北京：人民出版社，1960：43、51.

于未得到相应的重视，到 90 年代后期，问题变得更加突出，经济结构、经济增长、居民收入、社会就业、资源环境出现了一系列矛盾。

第一，长期大规模的资源开采与利用给山西的生态环境造成了巨大的破坏。据中科院发布的《2006 年中国可持续发展战略报告》显示，山西已经成为中国生态环境形势最为严峻的省份之一。山西可持续发展能力在全国 31 个省、自治区、直辖市中排名第 25 位；由排放密度指数、人均负荷指数和大气污染指数组合而成的区域环境水平在全国排名第 30 位（倒数第二）；而环境支持系统也同样是在全国排名第 30 位（倒数第二）；区域生态水平在全国排第 27 位（倒数第五）。

山西最主要的污染源于对煤炭的开采与利用。煤炭开采已给山西造成了 5000 平方公里采空区，引起严重地质灾害的区域在 2940 平方公里以上，而且每年新增塌陷区面积约 94 平方公里；全省平均每开采 1 吨煤损耗 2.48 吨水资源。同时水污染形势严峻，每年因采煤排放的矿井废水约 4 亿多吨，大量废水排入河道，使地表水系受到严重污染。在环保部门监测的 102 个断面中，79.4%受到不同程度的污染，其中重度污染的断面占 58.8%。[①] 全省每年因燃煤排放的烟尘为 145 万吨，是全国平均值的 7 倍；二氧化硫 150 万吨，是全国的 6.5 倍。全省煤矸石堆存总量已达 9 亿多吨，电厂粉煤灰 1 亿多吨，大气污染负荷为全国平均值的 1.6 倍，焦炭生产地区则高达 6~10 倍。太原市 TSP（total suspended particulate，即总悬浮颗粒物）日均浓度为国家二级标准的 1.89 倍，空气质量指数为 4 级，在全国被检测的 43 个大城市中排倒数第一，是世界污染最严重的城市之一。[②] 严重的环境污染不仅降低了山西人民生活质量，给山西造成了巨大的经济损失，而且损害了人民的身体健康。空气污染使山西省区域内各类呼吸道疾病、肺癌、哮喘等发病率明显高于其他地区，20 世纪 90 年代，城乡肺癌发病率和死亡率较 20 世纪 70 年代上升了 30% ~ 50%。各类职业病的发病率和死亡率也都明显增加。据保守测算，山西煤矿企业尘肺病职工约有 6.5 万人，其中国有重点煤矿企业约为 2.14 万人。1989 年—1996 年，全省仅国有经济单位的医疗卫生和丧葬抚恤费便增加了 10.4 倍，为全国同期涨幅的 1.09 倍。每年因废气、废水、废渣的排放给山西造成的环

① 高建民，走出能源基地和老工业基地创新发展的路子［M］. 太原：山西人民出版，2008.

② 周建军，山西：亟待破解的“资源诅咒”［J］. 中国改革，2007（3）：49.

境损失就达 80 多亿元，将近全省 GDP 的 1/15。①

第二，产业结构布局不合理，导致区域财富的非正常流失。经济结构严重失调，资源型产业占据主导地位。山西省三次产业发展不协调，二产比重大，一产基础薄弱。山西凭借其特有的资源禀赋优势，在国家投资倾斜和山西地方经济发展战略的双重推动下，形成了以矿业开发为支撑的资源型经济结构，三次产业总体上呈现出“一产弱、二产大、三产小”的特点。1978 年，三次产业增加值的结构演进为 20.7：58.5：20.8；1992 年为 15.0：49.0：35.9；1999 年受国际经济环境整体不景气影响，第二产业比例有所降低，但三次产业结构比例仍为 8.4：47.1：44.5。第一产业的发展空间受到严重挤压，1999 年全国第一产业占国内生产总值的比例为 17.6%，高于山西 9.2 个百分点，是山西的两倍多。②

一个产业结构布局不合理的区域经济，必将受到其它区域经济发展的严重影响，并且对其它区域的依附度提高。加之国家一度实行的“捆住上游，放开下游”价格政策，山西为东部、南部经济区域的加工业提供了廉价的原材料，然后又不得不吸收东部、南部经济区域提供的高价制成品，导致山西的财富“双向流失”，山西在经济竞争中逐渐转向劣势，成为全国较为落后的省份之一。

第三，区域经济波动强度大，不利于经济平稳发展，更不具有可持续性。从经济发展的角度来看。由于受制于资源产业波动，山西区域经济波动强度大，对该区域经济的稳定发展造成非常不利的影响。改革开放后，随着中国经济发展的逐步加速，国家对山西省能源开发、利用的投入也逐步加大，山西资源型产业在经济中所占比重不断增大。到 20 世纪末，其产值占第二产业产值比重已经达到 80%。同时受资源产品市场需求的刺激，与资源型产业相关的配套产业、生产性服务产业以及满足特定资源性消费的服务性产业相应地发展起来。这些产业与主导产业共命运、同兴衰。由于山西粗放的增长方式以及资源型产业自身的特点，经济增长主要是由投资牵动，因而极大地受国家宏观调控的影响。再加之资源性产品价格受制于国际经济环境，波动幅度比较大。山西经济波动频繁，波动幅度巨大，增长的不稳定性十分明显。

① 董继斌，能源经济论［M］. 太原：山西经济出版社，2002：366.

② 国家统计局国民经济综合统计司编，新中国六十年统计资料汇编［Z］. 北京：中国统计出版社，2010.

张复明先生曾经对山西经济频繁、巨幅波动的问题做过深入的研究，研究表明，从区域经济增长率数据分析，1955—1999 年的四十多年间，中国及各经济区域大致经历了 11 轮完整的经济波动。在这 11 轮波动中，山西的经济波动幅度明显大于全国和东南沿海地区。山西经济波动的平均波动振幅为 20 个百分点，是全国平均的 1.5 倍，东南地区的 1.6 倍。经济绝对波动系数也明显大于全国和东南地区，11 轮已经完成的经济周期性波动中，山西经济的平均波动系数为 7.79，全国和东南地区平均为 5.49 和 5.24，山西分别是全国和东南地区平均水平的 1.4 倍和 1.5 倍。此外，山西经济的相对波动系数也大大高于全国和东南地区。在 11 轮已经完成的完整经济周期性波动中，山西的平均相对波动系数高达592，比全国和东南地区平均水平分别高出88%和428%。[①] 山西和全国及东南地区的经济波动强度情况见表 1–1。

表 1–1　山西和全国及东南地区经济波动强度比较

波动振幅比较				
全国	东南	山西	山西 / 全国	山西 / 东南
13.63	12.70	20.00	1.47	1.57
绝对波动系数比较				
全国	东南	山西	山西 / 全国	山西 / 东南
5.49	5.24	7.79	1.42	1.48
相对波动系数比较				
全国	东南	山西	山西 / 全国	山西 / 东南
315.48	112.26	592.41	1.88	5.28

资料来源：张复明，资源型经济：理论解释、内在机制与应用研究，山西大学博士论文，2007 年。

由此可见，山西省资源型产业造成的污染等问题已经严重地影响到山西省经济、社会的持续发展。这种高能耗、高污染的粗放增长已经不符合国家政策和国际形势，而且代价高昂。而节能减排、发展低碳经济、生态经济的首要前提和根本出路就是转变资源依赖型的经济发展模式。

（2）山西经济转型的必要性、紧迫性

经过 30 多年的能源重化工基地建设，山西的经济最终演化为资源型经济体系，资源型产业在区域国民经济中占据了绝对支配地位。然而这种在投资

① 张复明，资源型经济：理论解释、内在机制与应用研究［D］. 山西大学博士论文，2007.

倾斜和短期利益驱动下所导致的资源型产业超常规发展，使得其他产业的发展受到相应的抑制，山西产业结构长期处于较低层面，初级化特征明显，对经济增长产生了极大的负面影响。山西这种资源依赖型的经济发展模式不具有可持续性，转型迫在眉睫。

第一，多年来积聚的生态破坏和环境污染成为制约经济发展的关键因素，高投资、高污染、低效益的传统工业化模式已难以支撑经济的持续增长。过去，山西依靠计划手段建立起来的工业体系，特别是占工业经济主导地位的国有大中型企业，依靠指令性计划保护，延续着传统的高污染、高消耗模式。到上世纪 90 年代，国家逐步放开煤炭等资源产品的价格，资源型产品的生产企业在竞争中逐渐陷入困境。尤其到 90 年代中后期，随着我国经济的“软着陆”，全国经济发展中的能源“瓶颈”有所缓解，同时随着陕西、内蒙古两个新兴能源基地的发展，山西以煤炭为主的资源型产业大都出现了生产能力过剩的现象，工业经济效益持续滑坡。人均 GDP 在全国的位置由 1979 年的第 7 位下滑到九十年代末的第 20 位。2016 年国家统计局发布的 31 个省份人均 GDP 的统计数据显示，山西省的地位更下滑到 28 位（排名倒数第四！排在后边的是贵州、云南、甘肃）。

第二，山西当前面临的经济转型既是山西经济跨越发展的现实需求，也是产业升级要求和低碳经济制约条件下的必然选择。如何处理经济发展与资源、自然环境的承载力之间的关系已经引起世界各国的广泛关注。《京都议定书》等国际公约提出和倡导限制温室气体排放量，要求世界各个国家既要节约能源，又要保护环境，即大力发展低碳经济、绿色经济。低碳经济就是由资源消耗与环境污染严重的非持续性的黑色经济，向合理保护资源、能源和自然环境的绿色经济、生态经济转变。低碳经济的核心是降低碳的排放量，即包括绝对量的减排，也包括与 GDP 相关的相对量的减排，主要使用碳强度和碳生产力指标来进行衡量。2009 年中国政府向国际社会承诺，到 2020 年中国单位 GDP 的碳排放量将比 2005 年降低 40% ~ 45%。2010 年 8 月，国家发改委下发了《关于开展低碳省区和低碳城市试点工作的通知》，将广东、辽宁、湖北、陕西、云南五省和天津、重庆、深圳、厦门、杭州、南昌、贵阳、保定八市列为低碳试点省市，要求各试点地区建立温室气体排放数据统计和管理体系。目前，以碳强度、碳生产力为指标的各项产业政策正在制定和规划过程中，碳税征收、碳排放权交易、贷款条件等政策措施也正在进一步筹划之中。

第三，全国经济转型的大趋势迫使山西经济转型。经过改革开放 40 多年的发展，中国经济已经开始由“中国制造”转向“中国创造”，当前，改变经济增长方式，调整经济结构已经成为经济发展主旋律。为此，《中共中央关于制定国民经济和社会发展第十四个五年规划的建议》已经确立了战略性新兴产业的发展战略。战略性新兴产业的特点是知识技术密集、物质资源消耗少、成长潜力大、综合效益好，以重大的技术突破和重大发展需求为基础，主要包括新一代信息技术、节能环保、新能源、生物、高端装备制造、新材料、新能源汽车等七个领域。通过发展这些产业切实提高产业核心竞争力，构建国际竞争新优势，推动我国经济从以高耗能、高污染、高投入的粗放式发展为主向注重效率、注重发展质量和效益的可持续发展转变。我国开始从完全的技术引进、技术依附初步向技术出口进行迈进。山西过去那种高耗能、高污染的粗放型经济发展模式已经不能再继续延续下去，必须与全国的经济发展模式保持一致。

在上述国际、国内背景下，山西资源依赖型的产业结构已经与经济发展的趋势日益背离，亟需通过经济转型来转变产业结构，提升主导产业和技术创新，这种高能耗、高污染的粗放增长已经不符合国际形势和国家政策，而且付出的代价高昂。而节能减排、发展低碳经济、生态经济的首要前提和根本出路就是转变资源依赖型的经济发展模式。

1.1.2 山西经济从二十世纪 90 年代后期以来的艰难转型历程

山西作为我国重要的能源重化工基地，为保障国家能源供应和促进全国经济发展做出了巨大的贡献。然而山西区域经济发展过程中形成的产业结构的不平衡、不合理的病态问题也越来越严重。这个问题早在 20 世纪 90 年代初期就已经暴露出来，并且深刻影响到山西经济社会的可持续发展，因而也受到了党和政府的高度重视。尤其在 1997 年、1998 年国际经济危机的影响下，能源需求大幅度降低，煤炭销售不畅，导致山西经济剧烈波动，多年来经济增长的引擎主要是以煤、焦、冶、电为主导的资源型产业，无法找到新的增长点。山西经济综合实力在 1999 年、2000 年连续两年全国排名倒数第一。

山西省委、省政府根据中央精神，结合山西的发展实践，作出了一系列加快推进资源型经济转型的重大战略部署。转型发展被提升到了前所未有的战略高度，成为山西经济社会发展的首要任务。

1999 年 10 月，山西省委、省政府在运城召开了全省调整经济结构工作会议。会议指出调整经济结构是振兴山西经济的关键所在，认为加快经济结构战略性调整是当前及以后时期山西经济发展的重要任务，并进而提出了以发展潜力产品为切入点，以培育“一增三优”（新经济增长点，培育优势产业、优势企业、优势产品）为主攻方向的结构调整的重要决策。随后召开的山西省委七届九次全会将经济结构调整确定为山西近中期经济工作的中心任务，在运城会议的基础上形成了“以调整经济结构为中心，以改革开放为动力，抓好五项创新，实现三个调高”（即：技术创新、金融创新、人才机制创新、环境创新和观念创新；及提高经济增长的质量和速度、提高全省综合经济实力、提高人民群众生活水平），的经济发展思路和战略。随后，在《中共山西省委关于制定国民经济和社会发展第十个五年计划的建议》和《山西省国民经济和社会发展第十个五年计划纲要》中进一步明确提出要以发展为主体，以结构调整为主线，实施特色农业工程、传统产业优化升级工程、旅游产业开发工程、高新技术产业化工程、信息化工程、城镇化工程、基础设施建设工程、生态环境质量改善工程等“八大战略工程”，构建人才支撑体系、金融支撑体系、产权多元化支撑体系、对外开放支撑体系、社会保障支撑体系和软环境支撑体系等“六大支撑体系”，把结构调整作为一项系统工作，深化完善了经济发展的思路战略，并进而确定了“十五”及以后时期经济结构调整的重点。

为了进一步推动全省的经济结构调整，2001 年 9 月，山西省出台了《关于进一步推进经济结构调整实施“1311”规划的意见》，这一规划明确规定，在市场选择的基础上，集中抓好 100 个农业产业化龙头企业、30 个战略性工业潜力产品、10 个旅游景区和 100 个高新技术产业化项目，紧接着，山西省政府专门下发了实施“1311”规划的五个配套措施，为“1311”规划的具体实施提供了政策保障，突出了结构调整在操作层面的安排和实施以及市场导向作用的重要性。山西省经济结构调整发展思路和指导思想可概括为：坚持可持续发展战略，以经济结构调整为中心，改革开放为动力，抓好“八大战略工程”，构建“六大支撑体系”，重点推进“1311”规划项目，实现由产品调整向行业调整的深化，促进经济结构的合理和优化，提高经济增长的质量和速度，提高全省综合经济实力和人民生活水平。

2004 年 8 月山西再次召开经济结构调整会议，做出了把山西建设成为新型能源和工业基地的战略决策。“新型能源和工业基地”是对“能源重化工基地”的继承与发展。所谓继承，是指二者都强调依托山西丰裕的资源禀赋，发展能源工业，建设能源基地。所谓发展，就在于新型。所谓新型，主要是指符合中共十六大新型工业化道路科技含量高、经济效益好、资源消耗低、环境污染少、人力资源优势得到充分发挥的 5 项要求。此次会议强调了继续推进经济结构调整，建设新型能源和工业基地是山西经济发展的必由之路，明确提出重点发展七大优势产业，努力将山西省建设成为国家的新型能源和工业基地。所谓发展七大优势产业是指：加快以煤炭为基础，以电力为中心的能源产业发展及其延伸开发；发展以不锈钢和铝镁合金为主的金属材料及其制品工业；整合提升装备制造业；发展具有山西优势的化工和医药产业；发展新型材料工业；发展以特色农业为基础的农畜品加工业；发展旅游文化产业和现代服务业。山西省落实产业结构资金 6.3 亿元，重点支持了山西焦化 30 万吨焦油加工技改等 298 个调产项目，先后拨付电源建设和农网还贷资金 10.98 亿元，支持柳林电厂等发电、输变电企业改扩建工程建设，支持了全省电力事业的发展。

2006 年 9 月召开的山西第九次党代会上提出了在转型跨越崛起中实现科学发展。2008 年 10 月省委书记张宝顺提出实施转型发展、安全发展、和谐发展的重大战略。2009 年，进一步明确了产业结构调整的方向，要求全省按照巩固加强第一产业，优化提升第二产业，大力发展第三产业的思路，在全面加强第一产业的同时，突出抓好工业结构的调整和服务业的发展。重点推进“四个一批”的工作，即下决心淘汰关闭一批落后产能；下本钱改造提升一批传统产业；下气力培育发展一批新型产业；下功夫做大做强一批优势企业。大力发展服务业，以重点项目带动山西以旅游为重点的服务业的发展。同时面对全球金融危机的挑战，推出煤炭、焦化、冶金、电力、装备制造、煤化工、新型材料、食品工业等八大产业调整和振兴规划，为山西省加快经济结构调整、转变发展方式，推进转型跨越奠定了坚实的基础。

2010 年末，国家发展改革委员会正式批复设立“山西省国家资源型经济转型综合配套改革试验区”。这是国家从浦东新区开始，陆续批复的第九个综改区，其他七个分别是天津滨海新区、成都、重庆、武汉城市圈、长株潭城市群、深圳和沈阳经济区，这也是国务院在批复直辖市重庆之后，首次批复一个省的全部地区为综改区。山西省成为中国唯一一家在全省域、全方位、系统性的进行资源型经济转型综合配套改革试验的区域，山西的试点是在全省范围内，紧紧围绕着产业的优化升级、战略性新兴产业的发展，整个产业结构的调整和资源型经济转型。由此，山西经济结构调整进入一个全面发展的新时期。

2011 年进一步在《山西省国民经济和社会发展第十二个五年规划纲要》中，为“十二五”时期的山西经济社会发展确定了“路线图”。提出紧扣“资源型经济转型”和“综合配套改革”两个关键，先行先试，大胆探索。重点推进产业结构转型，实现支柱产业由单一向多元、产品由低端向高端转变。充分利用高新技术和先进适用技术改造提升传统产业，实现传统产业优化升级、产品更新换代。充分发挥资源优势，以重大项目为支撑，以技术研发和品牌建设为重点，推进产业园区化、规模化、生态化，努力培育壮大新兴产业。推进我省“7+2”战略性新兴产业取得突破性发展，在国家确定的新能源、节能环保、生物、高端装备制造、新型材料、新一代信息技术和新能源汽车七大产业的基础上，增加煤层气产业和现代煤化工产业。

2016 年制定的《山西省国民经济和社会发展第十三个五年规划纲要》中，转型升级是出现频率最高的词汇。提出着力推进“六大发展”，统筹做好煤与非煤“两篇大文章”，加快实施“革命兴煤”，全力推动科技创新、金融振兴、民营经济发展“三个突破”等。提出我省作为典型的资源型经济地区，发展不平衡、不协调、不可持续的问题仍然突出，面临着破解“资源型经济困局”的重大课题。今后五年将积极推进创新发展、协调发展、绿色发展、开放发展、共享发展、廉洁和安全发展，以转型综改试验区建设为统领，以改革创新为动力，以转方式、调结构、增效益、提速度为基点，主动适应经济发展新常态，着力做好煤与非煤两篇文章，化解过剩产能，扩大新兴产业规模。

由上可见，从上个世纪末到现在，政府对山西经济转型发展的必要性和紧迫性经历了由浅到深、由表及里的一个认识和实践的过程。但是，转型的效果却不太明显。究其原因可能有许多，例如：在实际操作中调整工作缺乏具体的操作性规划和行之有效的评估考核体系，政府协调推动作用不足，政府的导向作用没有得到充分发挥，等等。而最关键的是没有寻找到并运用经济转型发展的推动力。

1.1.3 从经济演化发展历史中寻找推动经济转型的原动力

经济转型是由一种经济发展范式向另一种经济发展范式的转变。从广义角度来讲，包括：经济体制的更新，经济结构的提升，支柱产业的替换，经济增长方式的转变，是国民经济体制和结构发生的一个由量变到质变的过程。与此相关的理论和研究被称为转型经济学、过渡经济学，国外则多称为转轨经济学。研究内容涉及转型经济的起点、特点、动力、目标、路径选择、阶段划分，等等。所以在诸多研究文献中，对经济转型的表述及研究的侧重点均有不同。本书主要研究山西经济转型过程中的转型推动力问题。

自然科学的基本方法是实验、归纳、推理和运算，最终揭示客观事物运行的规律。而社会科学无法进行人为的试验，所以，必须从人类历史的演化发展过程中去探索人类社会发展的规律。

亚当斯密的《国富论》既是阐述经济学原理的第一部经典作品，又是一部内容丰富的中世纪社会经济史。马克思的《资本论》既是一种新型的政治经济学理论，又是十五世纪以来的一部资本主义兴衰史。

道格拉斯·诺思认为："历史是至关重要的。人们过去作出的选择决定其现在可能的选择。要理解经济实绩随时间变化而显现出来的差异，就需要了解经济的演变"①。诺思在北京大学演讲时说："我们必须非常敏感地注意到这一点：你过去是怎样走过来的，你的过渡是怎样进行的。我们必须了解这一切。这样，才能很清楚未来面对的制约因素，我们有哪些选择机会。"

李伯重（2015）认为历史、尤其是经济史"在研究中国的经济问题时格外重要"，因为"历史总在新的情况下以新的形势复出"。"如果我们对历史与现实的这种密切关联缺乏足够的重视，就难免去人为地制造'白纸'，……"②。

山西经济目前正处于以产业结构调整为主的转型期，山西经济转型的特点是资源型经济的转型问题。前文已提到，山西省委、省政府从二十世纪 90 年代后期就已经逐步开始确立了经济转型的发展战略，积极推动经济的转型。2010 年底国家发展改革委员会正式批复设立"山西省国家资源型经济转型综

---

① ［美］道格拉斯·诺思，经济史中的结构与变迁［M］. 上海：上海三联书店，1994.

② 李伯重，为何经济学需要历史［J］. 读书，2015，11：19–26.

合配套改革试验区”。在此背景下，山西经济的转型发展在政策层面引起了极大关注，与此相关的学术研究和探索也层出不穷。目前的大量研究局限于政策试验层面，包括产业结构调整、技术结构调整、产品结构调整和区域布局调整等诸多领域。而对于经济转型的推动力问题——经济转型发展的原始推动力及持续推动力——的研究涉及较少。本选题的研究就是从长期的历史视角对山西转型经济史进行实证研究及理论探索。通过对山西历史上三次经济演化转型历史过程——从明清时期山西的商业、金融业的革命到1840—1911年工业化雏形，再到民国时期的全面工业化——进行系统的历史分析，试图寻找到经济演化发展过程中的源动力。

在新的国际、国内经济社会发展背景下，以资源为主的山西经济发展模式面临着科学发展观指导下的战略转型。在这次转型过程中不仅需要相关科学理论的指导，而且需要历史实践经验的引导。当我们将研究视角由当前的时点拓展至长期的历史发展过程时，将更易于把握山西经济长期发展演进的路径，更利于理解山西区域经济演化发展的基本规律，更利于在长期的历史视角下发现当前山西经济所处的历史阶段，以及当前经济转型的源动力。因此，本研究在金融史的基础上结合经济转型发展的理论对山西经济的长期发展和资源型经济的转型进行分析，总结山西经济长期发展和几次转型的历史规律，对新时期山西经济的转型发展具有较强的理论和现实意义。

1.2 国内外文献综述

本书是以明清时期到民国时期山西经济演化转型的历史作为研究对象，并且将每一次转型的过程放在当时全国经济发展状况的大背景下进行分析，所以涉及的专业领域和学科理论较为广泛。涉及到经济学、金融学、金融史、经济史的相关范畴以及经济转型理论、经济发展理论等诸多理论及相关研究。

1.2.1 关于中国经济、金融演化转型历史的研究文献

（1）中国经济演化转型历史方面

一个国家的经济演化、转型、发展史就是这个国家的经济史。中国近代经济史研究在改革开放之后进入了大发展时期，涌现了大量优秀研究成果。

许涤新、吴承明（1985）主编的多卷本《中国资本主义发展史》，在较高的层次上总结了以往中国近代经济史的研究成果，定性分析与定量分析相结合，对中国资本主义和近代经济发展变化进行了总体考察。严中平（1989）主编的《中国近代经济史（1840—1894）》，用翔实的史料，系统而精辟的分析，再现 1840—1894 年在外国资本主义侵略和本国封建统治下中国社会经济的演变过程。①

进入 21 世纪后新的研究成果层出不穷，如：方行等人主编的《中国经济通史：清代经济卷》（2000），吴申元主编的《中国近代经济史》（2003），赵德馨的《中国近现代经济史》（2003），王玉茹的《增长、发展与变迁——中国近代经济发展研究》（2004），陈锋的《清代财政政策与货币政策研究》（2008）等。

关于中国工业化的开端，包括中国近代早期工业产生的大致时间、途径和历史条件等。这一问题的讨论应从有关洋务运动的讨论说起。在 60 年代初期经济史学界曾进行有关洋务运动的论争，触及到中国资本主义和资产阶级的产生问题。张国辉（1979）在《洋务运动与中国近代企业》一书中围绕中国资本主义产生的历史命题，用详尽的史实论述了洋务运动与中国近代企业产生和发展的关系，进而探讨中国工业化初期的特殊性，以及处在形成过程中的中国资产阶级各个组成部分的状况和特点。彭泽益、吴承明、郭庠林、陈绍闻、隗瀛涛等，强调鸦片战争前后中国工场手工业在中国工业化过程中的作用。同时经济史的研究也在向微观化拓展，在近代工业史研究中学界越来越关注对近代企业组织的研究，或通过个案考察，或对局部、阶段企业组织进行分析。这些研究为工业史的进一步深化提供了微观基础。吴承明在 1981 年发表了《中国资本主义的发展述略》一文，论及各类资本产生途径，认为洋务派企业是官僚资本的原始形态，民族资本主义经济是“继承封建社会的资本主义 萌芽而来的”。

严中平（1989）在他主编的《中国近代经济史（1840—1894）》一书里也详尽论述了甲午战争前买办活动、买办制度及买办资本积累等。胡愈越（1995）认为买办是中国近代第一代企业家，对中国近代化、工业化发挥了促

① 严中平主编. 中国近代经济史（1840—1894）[M]. 北京：人民出版社，1989.

进作用。[①]陶有伦（1995）也强调了买办在推动近代工业发展，促进中西文化交流方面的贡献。[②]

关于中国近代经济发展趋势、中心线索及社会性质如何从宏观上把握中国近代社会经济发展趋势，这是近代经济史研究的一个重要问题。有些学者针对有关“民族工业在‘黄金时期’以后不断陷于危机和萧条”的传统见解，论述了二十年代民族工业的发展，但认为三十年代出现了衰退和破产。也有学者更进一步强调1920—1936年间是旧中国经济增长最快的时期。吴承明（1988）认为中华民族的经济史是一部不断发展和进步的历史。其间有严重曲折，但即使在这种时代也有它发展和进步的一面。他认为国家统计局把解放前农业和工业的最高产量定在1936年是实事求是的。[③]在他主编的《中国资本主义发展史》第二、三卷里对近代有关年份的各类资本、国民经济各部门总产值等进行了较为详细的测算。从这些测算中可以看出1936年前近代经济是在不断地发展。刘佛丁等更进一步认为不但从1850—1936年间中国国民收入及人均国民收入都有所增长，还经历了两个完整的经济周期。1887—1914年为第一周期，上转折点为1905年，1914—1936年为第二个周期，上转折点为1931年。刘佛丁等认为技术和管理制度的进步是中国近代经济史发展过程中两次繁荣的决定性因素，投资规模的扩张和收缩是经济繁荣和衰退的直接原因。关于中国近代经济发展中心线索的问题，朱荫贵认为从1840年至今中国经济发展的主线索是农业文明——工业文明——现代化。从这一大背景考察问题有助于打破过去经济史与现实经济研究一定程度上脱节的现象，有助于深化对中国经济运行规律的认识。

通过对近代经济史的不断发掘、整理与抽象，客观地勾勒出中国向现代化迈进的足迹，分析出其中的某些经验和教训，从大历史观的角度进行反思，求得实现某种现实超越或者创造性转化的可能。这种学科思路的转化，使工业史的研究逐渐转向以市场研究为中心。国内市场的扩大是传统经济向商业经济过渡的必然表征。许涤新、吴承明（1990）等广泛考证了各种资料在农产品商品化的定量分析上取得很大的进展。[④]有关国内市场贸易总值的估算。

---

① 胡愈越，买办新论［J］. 中国经济史研究，1995（2）.

② 陶有伦，试论早期买办阶级在中国近代史上的地位［J］. 安徽史学，1995（3）.

③ 吴承明，中国近代经济史若干问题的思考［J］. 中国经济史研究，1988（2）.

④ 许涤新、吴承明主编，中国资本主义发展史（第二卷）［M］. 北京：人民出版社，1990.

吴承明估计 1936 年中国全部埠际贸易额约 47.3 亿元，比鸦片战争前的贸易额约增长 43 倍。《中国资本主义发展史》进一步发展了这种估计方法。该书分析了近代各个时期有利于国内市场扩大的条件及不利因素，分行业进行详细考察，用各类产品的商品量或消费量进行估算，认为全国埠际贸易额 1894 年约 14 亿元比 1840 年增长 1.5 倍，1920 年约 70 亿元，比 1894 年增长 4 倍。该书还提供了 1920、1936 年国内市场分部门商品值的数据。

关于中国近代工业化的论著还有李必樟译编的《上海近代贸易经济发展概况（1854–1898 年）》（1993），徐新吾和黄汉民的《上海近代工业史》（1998），汪敬虞的《外国资本在近代中国的金融活动》（1999），以及大量的关于民国经济制度和经济政策的研究成果，代表性的有徐建生、虞和平、朱英等人的文章和著作。此外，对于商会、商事裁判及其他非正式制度的研究也大大扩宽了工业史研究的范围。

（2）中国金融演化转型历史方面

在货币金融史方面，既有从宏观上考察中国近代货币金融史、金融业管理、地方银行史、晚清钱庄和票号、外资在华金融势力等方面的研究论著发表，又有从微观上剖析一些近代著名银行及其他金融企业的专著出版。

首先，关于明清时期白银作为货币大量流通，推动经济向商业化转型。著名学者彭信威（1954）的《中国货币史》清晰地勾勒了中国货币发展的基本脉络。彭信威先生认为，明初已经开始使用白银作为货币，但仍受到统治者的限制，在正德年间，白银货币才受到官方的认可，嘉靖以后白银则普遍流通。明代中期以后，有大量白银流入国内，银本位货币制度全面施行，对当时中国的社会生活和经济发展都产生了巨大影响。推动中国经济向商业化转型发展。[①]彭信威先生在白银对社会生活的影响方面，举了一个鲜活的例子，即由于白银流通带动商品经济的发展，画家不进画院也能谋生，这在正德之前是不可能的。[②]

叶世昌、张正明等学者认为，银本位的实行是明代前、中期商品经济发展的必然结果。明初国家实行“输粟饷边、给之盐引”的“开中制”政策，即：可以由民间商人来承办边镇的粮草需求。官府通过出让盐的专卖权换取

① 彭信威. 中国货币史［M］. 上海：世纪出版集团上海人民出版社，2007：488.
② 彭信威. 中国货币史［M］. 上海：世纪出版集团上海人民出版社，2007：448.

商人的力役和实物，具体包括纳粟、马、铁、革、草等多种项目。商人在取得盐的专营权后，换取政府的“盐引”，从而支盐销售营利。直接导致盐业富商的兴起。盐业富商的产生逐渐带动了边地东马市、西茶市的发展繁荣，随之而来边境重镇张家口、大同、杀胡堡从明代前期至中期开辟市场，以山西商人为首的陕西、宁波、山东、广东、福建、洞庭、龙游、徽州等十大商帮逐渐形成气候，盐业、马匹、茶叶、丝绸、棉布、粮油、颜料、铁器、针线、木业、典当等运销全国。白银作为货币大量地流通、使用，推动了内陆商品贸易的兴盛。

孔祥毅先生（1986）从山西商人家族史、经营自律行为、业务创新和主要对外贸易活动入手，从晋商团体的角度，以中俄茶马之路、中日东洋贸易为主，再现了明末清初主要商业路线和市场的盛况，反应了银本位货币制度对当时贸易的促进作用。[①]美国学者彭慕兰（2003）指出在明清两代时期，中国糖、茶叶、瓷器等商品的消费量已经非常可观，超越了同时期的西方国家，西方人除了进口中国的商品导致白银流入之外，巨大的利差也是白银流入国内的根源。戴建兵（2003）的博士论文主要通过案例研究和比较研究入手，比较了不同时期白银的利息、贸易变化、金银的输入、货币的贬值等几个变量和因素，同时讨论了银本位对经济发展的促进作用。后志钢（2009）的博士论文讨论了白银流入和贸易问题，并列举了由于白银流入和商业兴起引起的社会变化。[②]滨下武志（1988）通过分析朝贡贸易圈，间接分析了全球白银贸易和白银的流动，指出在中国明代中期以后和19世纪以前，长达三四百年的历史时期，中国是全球白银的消费大国，银本位成为刺激全球贸易大发展的重要因素，同时也是推动中国经济向商业化转型的主要动力。

其次，关于中国古近代金融业整体发展进行论述的文献包括杨端六的《清代货币金融史稿》（1962）、魏建猷的《中国近代货币史》（1986）、叶世昌的《中国古近代金融史》（1986）、千家驹、郭彦钢的《中国货币史纲要》（1986）、洪葭管的《中国金融史》（1993）、戴建兵和陈晓荣的《中国货币金融史》（2006）、姚遂的《中国金融史》（2007）等，这些著作对各个朝代的金融机构、信用、金融政策等演化发展进行了详细的论述，为研究中国金融史

① 孔祥毅，山西货币商人在对外贸易中的贡献［A］. 金融贸易史论［M］. 北京：中国金融出版社，1998.
② 后志刚，外国白银内流中国问题探讨［D］. 复旦大学历史学博士学位论文 .

提供了丰富的史料和有建树的观点。

关于明清时期中国传统金融机构组织和业务的研究。以周葆鉴、孔祥毅、张国辉、叶世昌、黄鉴晖等为代表的学者，分析了中国旧式金融机构银钱铺、银号、账局、钱庄、票号、当铺等金融机构的发生、发展、衰亡的一般过程，进而分析了典当、质押、兑换、汇兑、借款、放款等金融业务，还涉及了密押、逆汇、贴现、轧差等技术创新，管理制度、行会体制、思想文化等企业管理特点。这些研究均真实、完整地反映出明清时期以来的金融发展的一般脉络和重要特点。其中孔祥毅先生的《金融贸易史论》（1998）、《孔祥毅文集》（六、七、八）（2016）对中国传统金融体系、金融机构、金融业务，尤其对山西票号的产生、发展历程进行了多角度、全方位的研究[①]。周葆鉴的《中华银行史》（1923），对民国初期的中国银行体系分成中央银行、特别银行、实业银行、地方银行、一般商业银行、储蓄银行和外国银行等七大种类分别进行了介绍，从中可见当时银行业的发达；黄鉴晖的《论我国银行业的起源及其发展的阶段性》（1982）和《中国银行业史》（1994）对中国近代以来银行业的不同发展阶段作了具体分析，其贡献在于较早把钱庄、票号作为传统银行业进行研究。张国辉（2007）在《晚清钱庄和票号研究》中对处于晚期的中国旧式金融机构钱庄、票号、典当业等逐步被资本主义渗透和利用，从而一步步走向衰亡的历史进行了还原和剖析。叶世昌（2002）专门剖析了明代新兴金融机构的兴起，认为兴起的缘由是金银货币的兑换以及汇兑业务的发展，认为银票、汇票具有了纸币的性质。黄鉴晖先生在《中国钱庄史》《中国典当业史》《山西票号史》《明清山西商人研究》等书中对中国传统金融机构的发生发展进行了详尽的研究。滨下武志（2009）关注到汇票等金融工具与当时经济发展的关系。由于商品交易量的巨幅增加，滨下武志解释说，道光年间流通中的货币并非仅有白银，汇票已经成为当时比较重要的结算工具。而且，通过滨下武志先生发现的一则史料，记载了银价与汇票结算量之间的联动关系，反映出 19 世纪 40 年代后半期，中国贸易结算从现银结算向汇兑结算演变的大体过程。[②]

外资银行方面，Horesh（2009）分析了从 1847 年到 1937 年间，在华英

---

① 孔祥毅．金融贸易史论［M］．北京：中国金融出版社，1998.
孔祥毅．孔祥毅文集（六、七、八）［C］．北京：经济管理出版社，2016.

② 滨下武志．中国、东亚与全球经济［M］．北京：社会科学文献出版社，2009：162.

国外资银行对中国金融系统积极的影响，特别是准备金制度和银行券的发行，促进了当时中国金融业的现代化。① 国内当代学者杜恂诚（2004），也在寻求中西金融发展不同的根源。他认为金融制度的诱致性变迁是不同发展范式的原因，贸易技术的改变引起了金融周转方式的变化，从而导致外国银行取代大洋行的地位，还认为在20世纪初，西方银行通过利用庄票以及拆借，逐步同化和瓦解了中国旧式金融机构钱庄。② 另外，还有多位学者就此问题进行了大量研究，如：汪敬虞的《十九世纪外国在华金融活动中的银行与洋行》（1994）、朱荫贵的《近代外国在华银行——以二十世纪二三十年代为中心》（2005）、巫云仙的《汇丰银行与中国金融研究》（2007）、戴建兵的《隐性中央银行：甲午战争前后的外商银行》（2007）等。

对不同金融机构进行比较研究的有张国辉的《晚清钱庄和票号研究》（1989）、何益忠的《变革社会中的传统与现代：1897—1937年的上海钱庄与华资银行》（1998）、孔祥毅先生的《1883年金融危机中的票号与钱庄》（2000）、高海燕的《近代外国在华洋行、银行与钱庄》（2003）、李一翔的《近代中国银行与钱庄关系研究》（2005）等。以上研究，大多沿用历史证明方法，从不同角度对近代金融机构进行了论述，也取得了较为丰富的成果，为本书的研究提供了大量的史料、理论与研究方法。

1.2.2 关于山西经济、金融演化转型历史的研究文献

（1）山西经济演化转型历史方面

关于山西经济发展历史，学术界已经进行了比较深入的研究，涌现出一大批研究成果。山西省史志研究院编写的《山西通史》利用丰富史料，全面记述了山西各时代的政治、经济、军事、文化、教育、科技等，并在专论篇对富有山西特色且具有全国意义的历史专题进行了深入研究。③徐月文（1992）的《山西经济开发史》以各个历史时期社会经济开发的史迹为依据，从农业、手工业、商业、交通四个方面加以阐述，大致勾勒出了山西经济兴衰变化的

① N.Horesh，Shanghai's Bund and Beyond：British Banks，Banknote Issuance，and Monetary Policy in China，1842-1937，Yale：Yale University Press，2009.

② 杜恂诚，金融制度变迁史的中外比较，第一章［M］. 上海：上海社会科学出版社，2004.

③ 山西省史志研究院编，山西通史［M］. 太原：山西人民出版社，2001.

历史轨迹。[①]黎风（1997）的《山西古代经济》从种植业、畜牧业、林业、矿业、手工业、商业和交通运输业等方面叙述了各项事业的开发和发展历程。[②]《山西煤炭工业志》编委会（1991）编的《山西煤炭工业志》[③]、乔志强（1978）的《山西制铁史》[④]、温泽先（2002）主编的《山西科技史》[⑤]、张荷（2009）的《晋水春秋——山西水利史述略》[⑥]、阎元锁（2005）主编的《山西财政史》[⑦]等一系列研究文献对山西的煤炭、制铁、科技、水利、财政等方面的历史状况和发展情况进行了阐述。

关于山西商业、商人的研究由来已久，从 20 世纪初至今，可谓成果显著，且不乏考证翔实、论证严密、见解深刻的好文章。张正明先生（1995）的《晋商兴衰史》是较早的系统介绍晋商兴衰的一部著作，该书较为系统详细地描述了晋商兴起与发展的过程，同时还对晋商的相关方面如著名商人、文化等进行了介绍。[⑧]刘建生等人合著的《晋商研究》全面系统、多角度、多层次地论述了明清山西商人的崛起、发展、兴盛和衰败的历程。[⑨]黄鉴晖（2002）针对明清时期的山西商人、商业、票号、典当业等方面进行了深入的研究。[⑩]

第一部关于山西近代工业化全面系统的研究是刘建生等人所著的《山西近代经济史》，该书归纳了 1840—1949 年近代山西经济的发展历程，并着重探讨了山西近代工业的产生、发展、壮大，产业结构的构建、改组等。景占魁等人则围绕阎锡山及其所创立的西北实业公司进行了深入的研究。此外，还有大量的论文，诸如《民国时期山西工业的崛起》、《阎锡山与山西近代化》、《阎锡山与旧山西的经济架构》等等，从不同角度论述了山西近代工业的发展。

以上研究成果有全面反映山西经济发展历史的，也有从区域经济史、商

---

① 徐月文主编，张郑生等撰，山西经济开发史［C］. 太原：山西经济出版社，1992.

② 黎风，山西古代经济［M］. 太原：山西经济出版社，1997.

③ 山西煤炭工业志编委会，山西煤炭工业志［Z］. 北京：煤炭工业出版社，1991.

④ 乔志强，山西制铁史［M］. 太原：山西人民出版社，1978.

⑤ 温泽先主编，山西科技史・上部・石器时代至 20 世纪中叶［M］. 太原：山西科学技术出版社，2002.

⑥ 张荷编著，晋水春秋——山西水利史述略［M］. 北京：中国水利水电出版社，2009.

⑦ 阎元锁主编，山西财政史［M］. 太原：山西人民出版社，2005.

⑧ 张正明，晋商兴衰史［M］. 太原：山西古籍出版社，1995.

⑨ 刘建生，刘鹏生等，晋商研究［M］. 太原：山西人民出版社，2005.

⑩ 黄鉴晖，明清山西商人研究［M］. 太原：山西经济出版社，2002.

业史、科技史等专门史的角度进行的研究，还有相当一部分文献是选点研究，通过这些研究成果可以从不同的角度反映出山西经济发展的历史全貌。这些研究为作者从山西经济转型角度的研究提供了学术基础。

（2）山西金融演化转型历史方面

在山西金融史，尤其是山西票号的研究中，早期有陈其田的《山西票庄考略》（1937），对山西票号的产生、发展及营业、组织等各项制度作了调查与介绍，并探讨了票号衰落的原因，为后人研究票号提供了较为可信的资料。还有卫聚贤（1942）所著《山西票号史料》，人民银行与山西财经学院 1990 年的《山西票号史料》，孔祥毅先生的《金融贸易史论》（1998）、孔祥毅先生和王森的《山西票号研究》（2002）、黄鉴晖的《山西票号史》（2002），李永福的《山西票号研究》（2004）也对票号的基本活动作了较为详细的梳理。这些论著对不同阶段票号的各项业务活动作了深入的分析，其中一些对票号营业情况的初步整理成为当下票号研究的重要参考资料。对这些史料的理论分析，则有孔祥毅先生的《山西商人及其历史启示》、《山西票号有清政府的勾结》等有代表性的文章。

另外，王书华（2009）运用守信博弈、财东与经理的博弈模型等，证明山西票号的身股制度是一种诱导性的制度变迁，遵循特定的路径。不论是强制性变迁还是诱导性变迁，其必然存在着政府和其他社会组织复杂的博弈关系。

1.2.3 关于资源型经济转型的研究及文献

经济转型是由一种经济发展范式向另一种经济发展范式的转变。具体来讲，有两种含义：一种是指经济体制的更新，就是一个国家或经济体从计划经济体制向市场经济体制的转型，转型的主要内涵是要将国家纳入市场经济体系[①]。另一种是指经济结构的提升，是支柱产业的替换，是经济增长方式的转变，是国民经济结构发生的一个由量变到质变的逐步演化的过程。研究内容涉及转型经济的现状、特点、转型动力、目标、路径选择和未来的发展模式等等。山西省目前正在进行的资源型经济转型属于后者的范畴。

① 吴光炳主编，转型经济学［M］. 北京：北京大学出版社，2008：27.

（1）国外关于资源型经济转型的研究及文献

进入 20 世纪中期由资源丰裕导致的经济增长乏力、失业问题严重、生态环境污染严重等问题，对区域经济发展产生严重阻碍的经济现象首先在欧洲工业化国家显现。如何有效规避资源诅咒，走出资源型经济的陷阱，成为学界关注的焦点。

从 20 世纪 80 年代后期到 90 年代，荷兰经济增长经历了一次完美的蜕变，经济增长开始迅速回温，Van Der Hoek（2000）[①] 认为，荷兰蜕变的政策主要包括：缩减公共开支与减税、工资适度、“福利瘦身”。而尼日利亚应对“荷兰病”的政策包括：调整并使经济基础多元化，降低对石油部门的依赖程度；建立可持续的非通货膨胀基础，或者研究如何将通货膨胀预期降到最低程度；调整财政收支并使其在长期保持平衡；降低公共部门非生产性投资既有的支配地位，提高私人部门效率，同时增加私人部门的发展潜力。

关于资源型经济发展存在着锁定效应以及高额沉淀成本，有学者发现，鲁尔地区针对锁定效应的对策是比较成功的典型。首先，鲁尔地区改变了原有的支持煤钢铁的单一目标，取而代之以技术为核心、有区别的逐渐增长的多种政策目标。其次，从财政转移的集中资源配置方式到分散的、与本地区发展相适应的不动产转移转型方式，实现这种转移的手段在于创新、技术和基础设施的现代化，以及环境的治理与改善。

Woolcock（2001）[②] 等人认为，在资源型经济转型过程中，贸易开放是重要的发展战略之一，但是制度建设也是极其重要的途径。我们需要建立透明的和竞争的衡量手段，来准确甄别和有效管理经济社会的信息。Mastsen 和 Torvik（2005）[③]引入可耗竭资源在代际间分配的观点，并将政策内生化建立了一个模式，用来解释资源财富的最佳消费路径。他们认为，资源财富的管理与最佳消费路径及标准越协调，获益越大。他们特别强调了资源收入对储蓄的重要作用，但是，最佳储蓄率的确定却需要适当做出调整。世界银行的相关研究结果表明，在 1972—2000 年间，成功规避资源诅咒的国家，11 个国家

---

① M .P. Van Der Hoek，Does the Dutch Model Really Exist？ International Advances in Economic Research，vol.6，no.3，2000：387-403.

② M. Woolcock，L. Pritchett，and J. Isham，The Social Foundations of Poor Economic Growth in Resource-Rich Countries：76-92.

③ E. Matsen，R Torvik，Optimal Dutch Disease，Journal of Development Economics，vol.78，2005：494—515.

中10个真实储蓄率为正值。而陷入资源诅咒的国家，9个中有7个真实储蓄率为负值。由此可知，资源管理的目标是提高真实储蓄率，保证社会经济的可持续发展。

（2）国内关于资源型经济转型的研究及文献

国内对资源型经济转型的研究起步于资源型城镇，初期对资源型城镇的产业布局与城镇规划进行研究。随着改革开放的步伐，研究视角开始多元化，研究内容也更为深入。特别是近年来，随着我国工业化进程的加快以及部分区域资源型经济特征开始显现，资源型经济问题成为发展经济学等学科研究的主题，研究成果也纷纷涌现。

武春友、叶瑛（2000）[①] 从国民经济和社会发展的战略高度，研究了资源型城市的产业转型问题，通过分析北九州和休斯敦这两个典型资源型城市产业转型的不同模式，指出了转型过程中制度创新、技术创新，以及因地制宜培育和选择适合本区域替代产业的重要性。其中，对财政政策的重要支撑作用也给予了高度的重视。郭海荣（2003）[②] 指出，只有增强区域创新能力，才能实现经济可持续发展。

徐康宁、王剑（2006）发现资源诅咒的现象在中国省级层面上也基本存在，作者通过一系列基于省级层面数据的实证分析，发现1978–2003年我国资源贫瘠地区的经济增长速度虽然普遍要慢于资源丰裕地区，但是随着经济的进一步发展，多数省份丰裕的自然资源并未能为本地区经济持续增长提供强有力地支持，反而制约了经济增长。相对而言，浙江、广东等资源相对匮乏的地区却实现了经济的持续高速增长。他们还以山西为例，进一步揭示了资源诅咒的作用机制，认为密集而过度的资源开采引致的制造业衰退、路径依赖和制度弱化是制约经济增长的主要因素。[③]

张复明（2006）指出，政策与制度的差异，是规避抑或陷入“资源诅咒”的主要因素之一。张复明（2007）指出，资源型经济的形成过程，既是工业化发展某个演进阶段的常态发展过程，也可能是资源型经济现象的病态产生

① 武春友、叶瑛，资源型城市产业转型问题初探［J］. 大连理工大学学报（社会科学版），2000（09）：6–9.

② 郭海荣、付一静，论创新与资源型区域经济持续发展［J］. 太原师范学院学报（社会科学版），2003（06）：115–118.

③ 徐康宁、王剑，自然资源丰裕程度与经济发展水平关系的研究［J］. 经济研究，2006（1）.

过程。他指出，资源收益的增长、资源收益的分配和使用、资源收益的转化，是资源型经济演化的关键变量。针对资源收益的各个阶段，创造性地提出了资源型经济的形成机制、规避机制与转型机制。纵观资源型经济转型成功的案例，走出资源依赖的关键，在于资源开发获取的租金收益如何分配与使用。张复明还提到“资源型经济的转型就是从资源开发——资源繁荣——资源收益的路径依赖中解脱出来，走向更加依靠管理、技术、知识和智力的高层次经济形态的过程。”[①] 黄溶冰（2008）[②] 指出了资源型地区财政的弱点，并且针对资源财政提出了在资源产品价格高涨时期建立资源资金作为规避资源诅咒的一个重要思路，并对资源资金的筹集、使用和管理等问题进行了初步探讨。赵谦、黄溶冰（2009）[③] 通过对资源型城市经济结构的特征——资源结构超重、产业结构单一趋同、经济结构稳态等的分析，指出资源型城市的危机本身是一次结构性危机，并且从产业结构角度提出了资源型经济产业转型的原则：可持续发展、关联效应、技术进步、比较优势和劳动力指向等。李德升（2012）通过对我国资源诅咒的存在性考证，提出了破解“资源诅咒”的路径，包括解决资源收入的分配，资源收入的使用，产业结构调整，以及对人力资源、科技资源等可持续发展资源的投入与培养，其中，财政政策居于最重要的位置。[④] 景普秋（2012）结合世界各国及地区资源型经济转型的经验，将资源型经济及其转型模式进行了分类，分为：资源推动型的优态发展、资源诅咒型的病态发展以及资源主导型的常态发展。赵谦（2012）将资源型城市经济转型模式分为：加拿大萨德伯里的优势延伸模式，德国鲁尔的优势互补模式，美国休斯敦的优势组合模式和法国洛林的优势再造模式，提出政府与金融机构在支持资源型经济转型中的融资政策。

国内外相关文献显示，从已有的研究成果来看，资源型经济转型大致包括四种路径，一是从产业结构调整角度，改变资源依赖的产业结构，降低对制造业等的挤出效应；二是从宏观调控视角，改善失业，控制通胀，以及调整利率等；三是从国际贸易角度，改变出口依赖倾向、调整国际收支、稳定汇率等；四是制度建设，从资源开发、资源收入的各个阶段，对资源的收益

① 张复明，资源型经济：理论解释、内在机制与应用研究［D］. 山西大学博士学位论文，2007：6–8.

② 黄溶冰，资源型经济摆脱“资源诅咒”的财政调节机制［J］. 现代经济探讨，2008（11）：15–18.

③ 赵谦、黄溶冰，资源型城市经济转型的产业政策分析［J］. 学术交流，2009（03）：111–114.

④ 李德升，“资源诅咒”存在性考察及相关财政政策选择探析［J］. 云南社会科学，2012（03）：77–81.

分配、使用等方面进行制度建设，以实现引导与约束的作用。

1.2.4 关于金融在经济发展中作用的研究及文献

金融是人类社会发展到一定历史时期出现的事物，并且它的内涵和外延随着社会、经济的发展在不断地扩大、丰富。由单一元素——货币——扩展为包含金融机构、金融市场、金融制度在内的复杂的金融系统。人们对于它的认识也经历了由浅入深、由表及里的历史过程。同样，对于金融在经济发展中的作用的认识——从萨伊（Say Jean Baptiste）的“面纱论”到凯恩斯（John Maynard Keynes）的“国家干预”，从弗里德曼（Milton Friedman）的“单一规则”，再到麦金农（Ronald L .Mckinnon）和肖（Edward S.Shaw）的“金融抑制”与“金融深化”，以及孔祥毅先生的“金融协调”、“金融先导”——也经历了漫长而曲折的过程。直到现在，关于金融在经济发展中的作用的研究及争论依然热烈。当然，现代学者们争论的早已经不再是金融对经济发展有没有作用的问题，而是如何作用及如何利用这种作用的问题。

（1）“第一推动力”与“持续推动力”

马克思在其经典之作——《资本论》中，详细论述了货币在经济中的作用。认为货币不仅是推动经济发展的“第一推动力”，而且是“持续推动力”。[①]马克思指出，“不是由于货币资本是资本，而是由于货币资本是货币”。货币资本凭借货币本身的职能，购买生产资料和劳动力，进而形成企业或者社会的生产能力。因此，作为资本的货币是发动社会化生产过程的第一推动力，也是持续的推动力。

同时，马克思认为“一方面的货币就能引起另一方面的扩大再生产”，货币资本投入量在一定程度上决定着资本运动和市场经济规模的大小。而货币资本量的扩大不仅决定于自有资本的扩大，而且决定于银行信贷规模的大小。“信用的最大限度，等于产业资本的最充分的动用”。[②]所以，银行扩张信用，增大货币供给，可促进经济增长。

（2）经济发展的两翼——创新、金融

1912 年，熊彼特（Joseph Alois Schumpeter）发表了其成名之作——《经

① 马克思，资本论（第二卷）[M].北京：人民出版社，1975：393.
② 马克思·资本论（第三卷）[M].北京：人民出版社，1975：546.

济发展理论》，书中阐述了著名的经济学理论——“创新理论”。他被认为是经济理论史上第一次提出了创新、金融与经济发展三者之间的关系。熊彼特认为创新把生产要素、生产条件的“新组合”引入了生产体系，这个“新组合”包括：新产品的发明、新技术的采用、新市场的开辟、新的原材料的来源以及企业的新组织五种情况。正是这些“新组合”的引入推动了经济的发展。但是，这些“新组合”的引入及推广需要金融的支持。他认为萨伊的“货币不决定重要事务的观点是没有道理的”，“从现实来看，货币数量和货币分配的变化等诸如此类的现象，也将会产生深远的影响”①，“信贷对于实现创新是至关重要的”② 他认为金融机构满足创新型新兴企业的信贷要求是经济发展的核心所在。银行等金融机构甄别出最有可能实现“新组合”的企业家，通过向其提供资金来促进技术进步，进而推动经济的发展。

熊彼特在他的另一部巨著《商业周期》（1939）中，同样强调经济发展是基于成批的技术创新导致的“连续的工业革命”，但是仍然坚定地认为成批的重大创新有赖于金融资本。

然而，他的这一重要理论观点却被他之后的经济学家们，甚至熊彼特的后继者——号称“新熊彼特派”的学者们——都忽视了③。直到21世纪初，现代经济学者佩蕾丝（Carlota Perez）进一步发展了这一理论。

佩蕾丝在其具有原创性的著作《技术革命与金融资本——泡沫与黄金时代的动力学》一书中对技术革命、金融资本以及经济发展之间的关系提出了一个具有开创性的解释框架。创造性地将一个经济周期划分为两个时期、四个阶段——导入期（包含爆发阶段、狂热阶段）、展开期（包含协同阶段、成熟阶段），并在这四个阶段对技术创新、金融资本、经济发展相互关系做了全景式的论述，以复杂系统的观点研究了三者之间的动态关系。提出在导入期时，技术创新中的大量关键产业和基础设施在金融资本的推动下得以形成，在一个完整的经济周期中，金融资本扮演着关键的角色，“它起先支持了技术革命的发展，继而加剧了可能引发冲突的技术—经济领域和社会—制度领域之间的互不协调。当这两个领域之间的协调建立起来时，金融资本又成

① ［美］熊彼特著，孔伟艳等编译，经济发展理论［M］. 北京：北京出版社，2008：55.

② ［美］熊彼特著，孔伟艳等编译，经济发展理论［M］. 北京：北京出版社，2008：40.

③ ［英］卡萝塔·佩蕾丝，技术革命与金融资本——泡沫与黄金时代的动力学［M］. 田方萌，胡叶青等译，北京：中国人民大学出版社，2007：3.

为展开期的推动力。而当一场技术革命行将结束，它又有助于催生下一场革命”。①

（3）“相机抉择”与“单一规则”

20世纪30年代，席卷资本主义世界的经济大危机宣布了盛极一时的古典经济理论的破产。长期的、大规模的失业成了资本主义国家的核心问题。在这种背景下，1936年，英国经济学家凯恩斯（John Maynard Keynes）出版了他的代表作——《就业、利息和货币通论》，该书一经出版立即在刚刚经历过大危机洗劫的西方世界引起轰动。当时的经济背景决定了凯恩斯理论的中心问题是解决失业问题。他通过总量分析法（宏观分析法）将就业理论与货币理论融合在一起，这一理论创新使传统的货币决定物价的理论转变为货币对就业、产量、投资等经济变量产生影响的理论，这种转变被称为凯恩斯革命。

在这部著作中凯恩斯一反当时的主流经济学家——古典经济学家倡导的放任自流的经济政策，论述了政府干预的必要性和重要性。凯恩斯提出的一整套全新的经济理论和医治资本主义经济危机的政策主张，开创了西方宏观经济研究的先河，并为政府干预经济提供了理论依据。

凯恩斯认为：就业量决定于全社会的总供给，而总供给并不像“萨伊定律”所说的——供给能自动创造需求，而是决定于有效需求，有效需求由消费需求和投资需求构成，其大小主要取决于消费倾向、资本边际效率、流动偏好三大基本因素以及货币数量。消费倾向决定消费需求。一般来说，随着收入的增加，呈现出“边际消费倾向递减”的规律，于是引起消费需求不足。投资需求是由资本边际效率和利息率这两个因素的对比关系所决定。资本边际效率会随着投资的增加而降低，呈现“资本边际效率递减”的规律，从而减少投资的诱惑力，使得投资需求不足。消费需求不足和投资需求不足，则总供给就不得不减少，产出萎缩，用工减少，失业人口就会增加，形成生产过剩的经济危机。所以，要实现经济平稳增长、充分就业就必须设法增加有效需求。

凯恩斯在《就业、利息和货币通论》中用相当多的篇幅讨论投资引诱。他认为，只有资本资产的预期收益超过资本资产的供给价格或重置成本，投

① ［英］卡萝塔·佩蕾丝.技术革命与金融资本——泡沫与黄金时代的动力学［M］.田方萌，胡叶青，刘然等，译.北京：中国人民大学出版社，2007.

资才是有利可图的，才能对资本家产生投资引诱。当资本边际效率递减时，若利率能同比下降，才能保证投资不减，因此，利率就成为决定投资需求的关键因素。凯恩斯认为，利息率取决于流动偏好和货币数量。在一定的货币供应量下，人们对货币的流动偏好越强，利息率就越高，而高利率将阻碍投资。所以，凯恩斯提出，这个时候就需要运用货币政策增加货币供应量，以降低利率，进而刺激投资，增加投资需求。并通过投资乘数的作用增大有效需求，从而实现充分就业、经济增长。

凯恩斯在经过上述分析之后，又进一步提出在极端情况下，宽松的货币政策也可能失效。原因就是存在一个“流动性陷阱”的现象。他经过对利率变动规律的研究，发现利率的变化存在一个独特的现象——“流动性陷阱”，即利率随着货币供应量的增加会逐步降低，但是当利率降低到某一水平时，货币需求就会变的无限大。此时，无论货币供给量增加多少，都被“流动性陷阱”所吸收，而无法使利率进一步下降。当然，也就无法刺激投资需求，以实现充分就业。这个时候，宽松的货币政策的效果将大打折扣，或者完全失效。所以，凯恩斯提出了政府不仅要实施宽松的货币政策，而且要实施积极的财政政策。

当经济萧条时，市场中有效需求不足，就需要政府通过扩大支出，包括公共消费和公共投资，改善有效需求不足的状况。根据投资乘数原理，投资具有连锁效应，一个部门的新增投资，不仅会使该部门的收入增加，而且会通过连锁反应，引起其他有关部门的收入增加。而且会通过连锁反应，引起其他有关部门追加新投资获得新收入，致使国民收入总量增长若干倍于最初那笔投资，从而减少失业，促进经济的稳定和增长。

总之，凯恩斯认为市场中不存在一个能把私人利益转化为社会利益的“看不见的手”。单纯依靠市场的力量，经济危机和失业不可能消除。解决失业和复兴经济的最好办法是依靠“看得见的手”，即政府对经济的全面干预，才能摆脱经济萧条和失业问题。国家干预的最直接的表现，就是采取宽松的货币政策和扩张性的财政政策。采取宽松的货币政策使得市场利率下降，诱导私人投资。扩张性的财政政策增加公共投资和公共消费支出，以公共投资的增量来弥补私人投资的不足。实现扩张性的财政政策产生的财政赤字不仅无害，而且有助于把经济运行中的“漏出”或“呆滞”的财富重新用于生产和消费，从而可以实现供求关系的平衡，促进经济增长，实现充分就业。

随着凯恩斯主义理论的广为传播，其政策主张逐渐被各国政府所采纳。1944年英国政府以《通论》为指导思想，制定了二战后英国的充分就业政策，发布了《就业政策白皮书》，提出了提高就业的计划。美国政府也通过了《1946年就业法》，提出联邦政府负有扩大就业、稳定经济、促进经济增长的责任。之后澳大利亚、加拿大等资本主义国家也先后采取了政府干预经济的政策。凯恩斯主义经济政策在西方各国的全面推行取得了缓解经济危机、减少失业和促进经济增长的显著成效。第二次世界大战之后的二十年多间，西方各国工业生产总值增长了近三倍，其发展速度之快前所未有，失业率大为下降。那段时期也被称为“凯恩斯时代”，西方一些学者甚至认为凯恩斯理论挽救和巩固了被致命危机威胁的资本主义世界。他的理论影响深远，直到现在从各国政府实施的宏观调控经济政策中，我们仍然可以看到凯恩斯主义的踪影。

但是，任何事物都有个“度”的约束，凡事过犹不及。经济政策的实施也如此。西方资本主义国家的政府急功近利，过度地推行凯恩斯主义。在经济好转时也实行刺激政策，财政开支不断扩大，货币供应量过快增长。经过二十多年的政府对经济的干预，经济由复兴到非正常繁荣，进入二十世纪70年代，由于西方主要资本主义国家过度推行凯恩斯主义的扩张性经济政策，使投放的货币大大超过了经济增长的需要，经济中出现了严重的滞胀局面。一方面生产衰退、失业增加；另一方面通货膨胀、物价高涨。1973年到1975年西方各国先后爆发了二战之后最严重的经济危机。凯恩斯理论无法来解释和治理这种自相矛盾的现实。凯恩斯主义在理论上的困难和政策上的无能使其有效性受到了严重质疑。

以美国当代经济学家弗里德曼（Milton Friedman）为代表的货币主义主张，政府应该放弃执行凯恩斯主义的经济政策。他们认为人为调节总需求的政策往往是不必要的。政府应该关注于货币的稳定和实际利率的变动，选择一个与经济增长率大体相一致的货币增长率，即“单一规则”（《货币数量论的研究》，1956年）。这样才能防止把货币变成经济波动的根源。

弗里德曼在《1867—1960年美国货币史》（1963）著作中分析了美国100年来历史上货币供给和经济活动之间的关联。得出了惊人结论：货币供给一向是经济活动起伏的唯一影响来源，指出通货膨胀在根本上源自于货币供给量，即通货膨胀起源于“太多的货币追逐太少的商品”。该书挑战凯恩斯学派的观点，抨击他们忽略货币供应、金融政策对经济周期及通胀的重要性，提出大萧条其实是政府对于货币供应管制不当所致。

故此，货币学派的政策主张主要强调了两大内容。一是，坚持经济自由主义，反对政府对经济的过度干预。他们认为在社会经济发展过程中，市场机制的作用最重要。如果政府过多的干预经济，就会破坏市场机制的作用，阻碍经济的有序发展，甚至于人为地造成或加剧经济的波动。所以，他们认为除了货币之外，政府最好什么也不必管。二是，“单一规则”，即政府要控制好货币供应量，将货币供应增长率控制在既适度又稳定的范围内，为自由市场经济提供一个自由的、稳定的金融环境。

货币学派的这些政策主张迎合了西方资本主义国家在新形势下的发展需求，其理论渐渐成为西方主要发达国家政府制定经济政策的理论依据。上世纪 80 年代，英国首相撒切尔夫人、美国总统里根都不同程度地将货币学派理论应用到他们治国理政的经济政策中。

综上所述，虽然凯恩斯学派与货币学派追求的目标都是经济平稳增长，而且都曾经先后登上西方发达国家官方经济学宝座，但是由于二者所处的时代不同、面临的经济问题不同、关注的侧重点不同，所以政策主张自然也不同。

凯恩斯学派着重解决失业问题，而货币学派着重解决通货膨胀问题。表面上看他们的政策主张完全相悖，一个是“相机抉择”，另一个是“单一规则”。但是，仔细、深入分析他们的理论，有一个共同点，就是承认并特别强调金融对经济的推动作用。但是，二者的侧重点不同，凯恩斯关注的是政府金融对经济的推动作用，即政府制定宽松的货币政策、积极的财政政策推动经济复苏；弗里德曼关注的是民间金融对经济的推动作用，即自由市场经济中的金融资本按照市场规律，追求利润，推动经济自由发展。

从政策效果看，当经济出现持续的深度衰退、萧条时，政府运用凯恩斯理论制定和执行适宜的财政政策和货币政策，在短期内使总需求与总供给相平衡以推动经济复苏，提高就业率还是切实有效的。此时，如果按照货币学派理论，政府对经济不进行干预，任由经济在自由市场经济自然力量的推动下恢复平稳运行、提高就业率，恐怕需要一个非常缓慢的过程。但是，如果政府干预的时机、切入点、力度不合适，也容易适得其反，造成经济的非正常波动。

所以，凯恩斯的“相机抉择”的政府调控政策与弗里德曼的“单一规则”的政府管理原则应该协调运用。“看得见的手”与“看不见的手”应该相互协调、共同推动经济平稳发展，实现充分就业。

（4）“金融约束”与“金融深化”

美国著名经济学家罗纳德·麦金农（Ronald I. Mckinnon）在《经济发展中的货币与资本》（1973）中提出这样一种观点：金融发展分为两种模式，一个是需求引致型的金融，一个是供给先行型金融。需求引致是指经济发展产生新的金融需求，引致金融体系对需求做出反应。供给先行型金融强调金融供给的先导作用，金融系统通过创新服务，激发实体经济对金融服务的需求，从而激发企业开展创新型投资，促进产业结构优化升级，进而达到经济发展的目的。

同期，爱德华·肖（E.S.Show）在《经济发展中的金融深化》（1973）中以发展中国家的货币金融问题作为研究对象，对发展中国家金融发展与经济发展的辩证关系进行了开拓性的研究。提出了基于“金融抑制”的“金融深化论”。他提出发展中国家的经济之所以难以迅速发展的原因是他们的金融发展滞后，存在着严重的金融抑制问题。所谓金融抑制是指发展中国家通过利率管制政策、对传统产业和私营企业的歧视性信贷政策以及严格的外汇管制手段。

上世纪70年代，发展中国家普遍存在着金融抑制，表现在：政府对金融机构的设立以及经营活动严加管制，限制股票、债券等资本市场工具的发展，对国际资本流动实行严格管制、实行外汇管制等方面。对此，麦金农和爱德华·肖提出了金融自由化，即放宽政府对金融的管制，让金融市场自由地发挥配置资源的功能，在经济尚未发展的情况下，首先发展金融，以金融的优先发展带动经济的发展。

上世纪90年代，赫尔曼和斯蒂格利茨等人在《金融约束：一个新的分析框架》（1997）中提出了金融约束理论，认为对发展中经济或转型经济而言，金融抑制将导致经济发展的停滞和落后，而推行金融自由化和金融深化，由于受到客观条件制约，很难收到预期效果，甚至于导致金融动荡，因此有必要采取利率控制和资产替代等约束政策，作为从金融抑制走向金融自由化的一个过渡性政策理论。

1.3 研究内容与方法

1.3.1 研究内容及论文基本结构

（1）研究目的

本书的研究目的就是为山西资源型区域经济转型和金融支持协调机制的构建找到科学的路径与方法。需要指明的是，本书的主要研究内容和关键性结论并不针对某一个或某些具体经济现象而产生。本书以明清至民国时期山西历次经济演化转型的历史过程为观察对象，并针对历次转型进行归纳、总结，以及理论分析研究，探索区域性金融与经济的相互作用机制。总结金融在经济转型过程中的先导作用的规律，构建一个资源型区域经济转型与金融支持的协调机制的理论框架。

（2）研究对象

根据前述研究目的，作者选取山西从明朝到民国时期的经济演化发展历史作为研究对象。从历史回顾中，可以看到山西经济在这段历史时期曾经历了三次明显的经济转型。即：一是明清时期由传统农牧混合经济向商业经济转型；二是清朝末年由商业经济向初步工业化转型；三是民国时期由初步工业化向全面工业化转型。

本书用三章的篇幅分别对以上三个阶段进行了深入的研究、分析。在每一个阶段都把当时山西经济、金融的发展状况作为研究对象。以归纳、总结金融在经济转型发展过程中对经济的推动作用。在对当时经济、金融进行研究分析时，涉及到中央及地方政府的政策，商业企业、工业企业、金融企业的行为，以及全国、地方的市场发展状况。

（3）论文基本结构

本书共分六个部分，除了绪论和结论部分外，还包括理论分析部分、历史分析部分。第一部分，文章的前言部分——绪论。在这一部分主要介绍了本研究的现实背景和研究意义，以及国内外关于该研究领域的相关研究成果和文献资料。同时明确了研究的内容、范围和所运用的研究方法。第二部分是相关概念的界定及理论研究部分。在这一部分对本书研究的相关历史阶段的划分进行了说明，对本书所讨论的经济转型概念的内涵及外延进行了明确的界定。对本研究运用的理论——金融先导理论进行了阐述。第三部分到第五部分是本书的主干部分。分别论述了山西经济在这段历史时期曾经历的三次明显的经济转型：一是明清时期由传统农牧混合经济向商业经济转型；二是清朝末年由商业经济向初步工业化转型；三是，民国时期由初步工业化向全面工业化转型。每一个阶段都把当时山西经济、金融的发展状况作为研究对象，以归纳、总结金融在经济转型发展过程中对经济的推动作用。第六部分是研究结论及展望。

1.3.2 研究方法

吴承明先生在论述经济史研究方法时，曾经讲到“在经济史研究中，选择哪种理论，史无定法，主要根据其理论对我们所研究的课题的适用性和史料的可能性来决定，可以选用某种理论中的某一点，也可在一个问题上选用几种理论”。同时，“在经济史研究中，一切经济学理论都应视为方法论；任何伟大的经济学说，在历史的长河中都会变成经济分析的一种方法。”[①] 吴老对经济史研究的方法论同样适合金融史研究，对本研究主题的方法选择也具有重要启发意义。在作者的研究过程中继承了传统宏观金融分析方法与思路，以金融先导理论为理论基础，以山西区域金融、经济发展历史为重点研究对象，充分运用了以下研究方法。

（1）理论分析与史料研究相结合

在一些自然科学领域，理解、判断、总结事物运动、变化的规律往往可以在实验室进行。而社会科学，尤其是社会科学宏观领域的研究就很难在实验室完成了。

熊彼特（Joseph Alois Schumpeter）在他的《经济分析史》巨著中指出，“经济学的内容，实质上是历史长河中一个独特的过程”，由于“理论的不可靠性，我个人认为历史的研究在经济分析史方面不仅是最好的、也是唯一的方法”。也就是说，经济学理论是研究经济史的工具，历史又是研究经济学的最好方法。并且，认为经济史是研究经济学的四种基本学科中最重要的一种，它不仅“是经济学家材料的一个重要来源”，而且，“如果一个人不掌握历史事实，不具备适当的历史感或所得历史经验，他就不可能指望理解任何时代（包

① 吴承明，经济学理论与经济史研究［J］. 经济研究，1995（4）：5.

括当前）的经济现象”。[①] 格雷夫（Avner Greif）也强调，“经济史学首先也是最重要的，它是一种经验研究，经济史学家应该去理解实际上发生了什么，为什么发生，产生了什么样的结果。”[②]

孔祥毅先生一贯主张“论从史出”，在学术研究中非常重视史料的挖掘、整理、研究。他认为金融史的研究方法应该是，“依据史实，客观分析……同时，我们还要尽可能地注意到各种方法的综合。一是历史比较分析，注意历史发展的阶段性和多样性；二是新经济史的研究方法，理论与历史的统一，以理论为工具，以历史为依据，写出理论性来。三是结构功能分析方法，……四是经济演进分析，运用经济演进分析，把时代分析引进来。五是从经济发展的视角，研究金融发展的历史，融入到经济的大背景来分析，让人们看到金融和经济的关系”。[③]

运用历史方法研究金融史时，要按照历史的进程或者说历史的事实来说明历史，不能对历史事实进行主观甚至是随意的解释。而且，研究分析不能停留在历史现象的表面，这就需要运用逻辑方法应用一些概念、范畴和模式来说明历史，排除各种非本质的因素，揭示金融变迁发展的规律。

本书的选题和研究属于金融史学的范畴。将采取历史分析与理论分析相结合的研究方法。通过大量历史事实描述山西经济在明清到民国不同历史时期经济演化转型的基本脉络，应用经济学、金融学理论考察、分析山西经济转型历史进程中的历史事件、历史现象，而不是把理论成为套在历史上的“一件紧身衣”。运用历史分析、逻辑推理的方法，归纳、分析出历史发展的规律性，总结金融在历次经济演化转型过程中的推动力作用，即金融先导，进一步充实金融先导理论。

本研究的基本原则是以归纳法为主，以演绎法为辅，穿插以比较法。没有归纳，不能客观地反映史实，就会丢失、曲解研究对象。同时，有了演绎法，可以在逻辑上高屋建瓴地得出一些规定性的东西，避免了史学研究中单纯史料的堆砌。而通过比较法的运用，在世界、全国大背景下研究山西区域的经济发展，有助于建立一种大历史的整体观，从而更深刻地领会在现代化进程中的山西经济转型史。另外，在本书的写作中，在扎实的史实基础上多

---

① ［美］约瑟夫·熊彼特，经济分析史（第一卷）［M］. 北京：商务印书馆，1991：29.

② Avner.Greif，Economic History and Game Theory：a Survey.Working Paper，Stanford University，1997：3.

③ 孔祥毅，孔祥毅文集（八）［C］. 北京：经济管理出版社，2016：330.

方面运用发展经济学、经济增长理论、新经济史学和系统学的相关理论。

（2）系统分析与动态分析相结合

20 世纪 70 年代发展起来的系统科学，“不是发生于某一学科领域的革命，而是科学作为整体的历史性大转折，即从经典科学（机械论科学）向新型科学（似可称为有机论科学）的历史性转变。系统科学是这场大革命的重要方面”。[①] 系统科学也为社会科学研究提供了科学的思维方式。大多数社会学理论在对社会变迁进行分析时都会有意或无意把社会作为一种复杂系统的前提和基点。波兰著名社会学家什托姆普卡（Piotr Sztompka）对社会系统的构成作了更进一步的划分，他认为：“社会系统是指一个复杂的整体，由各种相互联系的许多要素结合而成，并有某一边界跟环境分开”。[②]

系统科学认为系统是结构和功能有机组合而成的整体，即若干组成部分之间的互相作用、互相依赖形成特定的结构和功能。系统分为简单系统与巨系统，而巨系统又被分为简单巨系统与复杂巨系统。社会系统、经济系统、金融系统都被认为是典型的复杂巨系统。同时，系统又具有层次性，某一系统往往是在它之上更大系统的组成部分。[③] “金融系统是一个具有动态性和自适应性的经济子系统。”[④] 而经济系统又处于社会这个复杂的巨系统之中。所以，从金融系统内部的角度来看，它是一个开放的复杂的自组织巨系统。而从经济系统的角度来看，它又是受高一层次的经济系统、以及更高层次的社会系统制约和影响而形成的复杂的他组织巨系统。这种他组织意义上的金融系统具有开放性和动态属性，而且通过金融、经济和社会各个系统要素之间、不同系统层次之间的相互影响，相互作用的动力学规则表现出来。[⑤]

具体到经济系统，一个（区域）经济体的经济发展轨迹或者发展模式的选择和演化是由多方面因素决定的。不仅取决于它的文化传统、社会结构或制度、资源禀赋、经济地理环境、交换和流通、生产力发展水平，而且同时也受（区域外）外部环境——所处国家的文化传统（深层次、间接性的）、社会结构或制度、资源禀赋、经济地理环境、交换和流通、生产力发展水

① 苗东生，系统科学精要［M］. 北京：中国人民大学出版社，1998：19.

② ［波］彼得·什托姆普卡，林聚任等译，社会变迁的社会学［M］. 北京：北京大学出版社，2011：4-5.

③ 吴义生，系统科学概论（修订本）［M］. 北京，中共中央党校函授学院，1992：29-37.

④ 刘维奇，金融复杂性与中国金融效率［M］. 山西大学博士学位论文，2008：206.

⑤ 崔满红，金融资源理论研究［M］. 中国财政经济出版社，2002：74.

平——的影响，甚至全球的政治、文化、经济、生产力水平都会对其产生间接的、深层次的影响。所以，本书在分析山西经济演化转型时，将山西区域经济的演化转型历史放在更高一层次的全国经济巨系统中去研究、分析。

从建国初期国家要求将山西建设成为重工业区并对煤炭、冶金、电力和化工等资源型产业大量投资开始，山西就走上了资源型经济发展之路，在随后的“三线建设”时期和能源重化工建设时期通过投资的偏重化进一步强化了这一产业发展路径。山西被纳入了国家经济建设的能源、原材料供应基地，在经济建设中，将大部分建设资金投于资源型产业的发展，强调量的扩张，忽视产业效益，最终导致山西产业结构失衡和发展绩效低下，经济内在增长能力不足。

从系统学的角度来看，山西这个经济区域是全国整个大系统中的一个子系统。这个子系统的功能就是服务于大系统，为同为子系统的其他经济区域提供经济运行及发展所需要的能源及原材料（或初级产品）。在计划经济体制下，它的功能的实现是成功的、卓有成效的。但是，当国家推行市场经济时，全国经济的大系统内发生了巨大的变化。如果国家在实现市场经济时，完全放开的话，山西这个作为提供能源、原材料的子系统是可以在变化中的全国市场经济大系统中，通过它对市场经济的不断适应和调整，继续履行它的功能的。但是，在其他市场放开的情况下，国家却牢牢地把能源及原材料的价格管控起来。这种矛盾的运行范式，必将导致山西区域经济的逐渐衰败，实现可持续发展也就成为妄谈了。

在经济系统演化转型中最重要的问题是演化转型背后的驱动力问题，或者说推动它们的因素是什么。在一个复杂系统中，影响系统演化转型的因素总是有很多，但作用不一，其中一些因素最容易导致演化转型，被称作演化转型的原动力。一般认为，在一定条件下，外部环境的变动、外部的干扰会起重要作用；但归根到底，外因只有通过系统的内因才能起作用。系统的整体变迁主要取决于系统内部的结构与机制。[①]所以，本书依据系统科学的系统多层次理论在包含金融系统的经济巨系统中寻找推动经济转型的原动力。把金融史的研究与经济史的研究结合起来，研究金融因素要从经济演化的大背

① 王其藩，系统动力学［M］. 北京：清华大学出版社，1994，21；又见王其藩，系统动力学［M］. 上海：上海财经大学出版社，2009：28.

景中把握金融发展的脉搏，把金融发展置于经济演化发展的整体过程中进行考察，进而探讨金融、经济、社会三者协调发展的规律。

1.4 主要工作与创新点

1.4.1 主要工作

某一系统的运行是由该系统内元素及各元素之间的相互作用关系来决定。而这一系统的运行、演化又受它隶属于的更高层次的系统内的其他系统的制约，而这个更高层次的系统的运行、演化同样会受到上一层次的系统内其他系统的影响。就山西区域经济系统来说，它是同时期中国经济系统的子系统，而中国经济系统又是全球经济系统的子系统。

所以，为了更加清晰地还原山西经济在特定历史时期的发展状况，尽可能准确地把握山西经济演化过程中、历次转型过程中的影响因素、变化规律，本书在研究、分析每一次转型过程时，都将山西经济的发展状况放在当时中国经济发展的大环境中进行比较、分析。

本书研究的时间跨度较大，需要收集大量的史料。这些资料与数据的获得主要采取两种方式完成：前人关于山西经济历史的研究和既有历史档案的查阅。具体开展了以下几项工作：

（1）查阅、收集了关于资源型经济问题的大量文献，并且进行了整合与梳理。

（2）对相关历史时期的金融发展史料进行了收集和整理等工作。

（3）从理论层面对山西经济历次演化转型过程中金融的推动作用进行了分析与研究工作。

（4）通过对历史的回顾、分析和研究，总结出金融在推动经济演化转型过程中的金融先导作用。

（5）提出当前必须以政府的金融先导作为推动山西经济转型原动力的政策建议。

1.4.2 创新点

严中平在《科学研究方法十讲》一书中从学科性质、治学作风、选题、积累资料、分析方法、理论联系实际等方面，系统地总结了老专家们的经验，他强调研究中国近代经济史要多作比较，要破“四就”（即不能就中国论中国、不能就近代论近代、不能就经济论经济、不能就事论事），立“四新”（即要提出新问题、提出新观点、提出新材料、运用新方法）。[①] 作者试图从新观点、新方法和新视角方面有所创新。

（1）从金融的角度研究山西经济演化转型历史。本研究是从金融史的角度对山西区域经济长期转型发展进行系统分析，对不同时期山西省经济转型的基本进程进行全面、连续的历史梳理，通过统计和经济理论对山西经济转型进行系统分析，基于不同政策环境和金融支持探讨山西经济转型发展的历史规律。

（2）提出“资源诅咒”悖论。指出煤炭资源的丰裕并不是山西经济落后的原因，恰恰相反是山西经济发展的禀赋优势，但是如何在新形式下发挥这一禀赋优势是当前山西经济转型发展的关键课题。

（3）提出金融先导分为政府金融先导与市场金融先导，或者说政府计划的金融先导与自由市场经济主导的金融先导。以往的研究中，所提到“金融先导”往往习惯性地认为就是政府主导的行为，作者按照主体的不同提出金融先导分为政府金融先导与市场金融先导。这二者在经济转型过程中的作用表现不同，如何协调二者关系是实现经济转型及经济持续发展的关键。

（4）运用系统科学的等级理论（或层次理论），把山西经济演化发展的历史过程放在全国经济演化发展的大系统（大环境、大背景）下分析。

（5）本书突破以往研究中将山西区域经济体假设为封闭系统的前提下分析转型问题的常规做法，在讨论全国经济结构转变的动态趋势基础上，确立山西经济参与经济分工角色，分析其经济转型问题并提出相应对策。

---

① 严中平．科学研究方法十讲［M］．北京：人民出版社，1986.

第 2 章　相关概念界定与相关理论

2.1 相关概念的界定

2.1.1 发展阶段的划分

研究金融史、经济转型史，所做的第一件工作就是划分发展阶段。对发展阶段的划分有不同的标准，是一件仁者见仁，智者见智的事。汤明檖先生认为作为经济史来说，以什么标志作为分期的准则，可以做多方面的探索。①

经济转型是一个历史过程。经济从一种经济增长模式转型为另外一种增长模式，不可能找到一个明显的时间节点或者明显的两种模式的分水岭，一般来说，在经济转型初期，转型的方向是模糊的、不确定的。当经济转型路径逐渐明朗时，转型已基本完成，新的经济增长模式基本形成。首先，经济的转型、演化显然是一种渐进的转变，其后期的一些阶段显得更加分明。其次，这种转变不是就出现一次，有些地区或行业在成为新的经济发展范式时倒退回去，而在倒退以后又将这同一的演化过程从头经历一次。第三，在一个经济体内，无论是一个国家还是一个区域，经济的发展总是存在不平衡的。当一些发达地区的转型已经完成，有一些“欠发达的”地区才刚刚开始经历转型，甚至有一些地区还没有开始。所以，判断一个经济体处于哪个发展阶段，关键是看经济发展的主流。

（1）孔祥毅先生的世界金融史阶段划分

孔祥毅先生在《金融发展史纲》② 中把世界金融史划分为五个阶段，即农业经济时代（公元前 5000 年——1500 年）、商业革命时期（1500 年——1750 年）、工业经济时代（1750 年——1913 年）、管理通货时期（1914 年——1970 年）、现代金融的新发展（1970——现在）。农业经济时代的金融特征表现在：货币产生并且成为商品交换的一般等价物，降低了商品交换的成本，

① 李龙潜，明清经济史［M］. 广州：广东高等教育出版社，1988：序 .

② 孔祥毅，孔祥毅文集（八）［C］. 北京：经济管理出版社，2016：328-329.

同时产生了早期的信用活动。商业革命时期的金融特征表现在：商业革命带来了金融革命，新的金融工具、金融机构、金融业务纷纷出现，为了满足欧洲贸易市场的交易，早期的汇票、支票等票据开始广泛使用。工业经济时代的金融特征表现在：金融的功能进一步扩大，银行的作用已经不仅仅是充当支付和信用的媒介，更重要的是银行为工业服务，为工业的发展和扩大筹集资金，提供信用，创造信用货币，促使货币转化为资本。管理通货时期的金融特征表现在：建立了中央银行制度来管理金融更好的为经济服务。

（2）刘佛丁先生的中国近代经济周期

刘佛丁先生把中国近代经济周期（截止 1936 年）分为两个完整的周期和一个开始的周期，即 19 世纪 80 年代中期至 20 世纪 10 年代中期为第一个周期，20 世纪 10 年代中期至 30 年代中期为第二个周期，而 1936 年则是开始的第三个周期的起点。[①]

（3）希克斯（John Hicks）对各发展阶段的认定[②]

希克斯对商业时代的认定，强调新世界的起点是商业的专门化而并不是没有专门化的交易的初步阶段。偶尔的交易——孤立的交换活动，包括任何一方都不为进一步交换承担义务——自古以来便时有发生，但对进行交易的人们的生活影响甚微。

希克斯关于工业阶段的划分。“工业革命”是在固定资金进入或开始进入中心地位时发生的。十八世纪后期的工业革命带来了新的情况，用于生产而不是用于商业的固定资本货物的种类，开始显著地增长了。这种增长并不是仅仅在一个阶段发生之后就过去了，而是不断地增长。就是说，并不仅仅是资本积累的增长，而是体现投资的固定资本货物的种类和花色的增长。这才是工业阶段的经济学上的正确定义。

（4）本书对山西经济转型期的划分

本书研究起点选为明朝，主要原因是“从明代中期到清代晚期，中国发生了一场商业革命”。[③] 晋商也兴起于明朝，鼎盛于清朝乾隆、嘉庆、道光年间。而晋商的事业版图中以金融事业最为强大。19 世纪初中国与外部世界贸

---

① 刘佛丁主编，中国近代经济发展史［M］. 北京：高等教育出版社，1999：108.

② ［英］约翰 · 希克斯著，厉以平译，经济史理论［M］. 北京：商务印书馆，1987：25.

③ 孔祥毅，“明清中国金融革命及其货币商人”之一：明清中国金融革命的背景与标志［J］. 金融博览，2009（2）：68.

易过程中，中国金融机构已积极参与其中，成为不可或缺的市场因素。特别是票号的兴起在整个19世纪中国的金融发展中具有重要的位置。终点选定为1937年，主要是因为这一年发生了日本全面侵华战争，战争严重干扰了国内经济的正常发展，也打乱了中国近代金融机构的正常演化发展进程。直到1949年新中国成立后，国内金融秩序才逐步趋于稳定。

本书将明清至民国时期山西经济演化转型分为三个阶段。第一个阶段是明朝至十九世纪60年代初。在这段时间里，爆发了中国的商业革命，山西经济由传统的农牧复合经济向商业经济演化转型。第二个阶段是十九世纪60年代初至民国初。在这段时间里，中国兴起了由上而下的洋务运动，山西经济也开始了向工业化转型。第三个阶段是民国初至1937年。中国经济进入又一个高速增长期，并且开始向全面工业化转型，山西经济也开始了向全面工业化转型。可惜这一次经济高速增长、转型升级的良好势头，仅仅持续了二十多年就被日本的全面侵华战争所打断。

2.1.2 关于经济转型

在探讨经济转型之前，应分析“转型”一词的词义。“转型”作为一个基本概念，最初应用在数学、医学和语言学领域，后来才延伸到社会学和经济学领域。布哈林在研究市场经济向计划经济的转型过程中，曾首先使用了“经济转型”的概念。

就经济转型的概念而言，经济转型是指一个国家或地区的经济结构和经济制度在一定时期内发生的根本变化。具体地讲，经济转型是经济体制的更新，是经济增长方式的转变，是经济结构的提升，是支柱产业的替换，是国民经济体制和结构发生的一个由量变到质变的过程。

（1）经济转型的分类

经济转型有多种分类方法，一般按转型的状态划分：分为经济体制转型和经济结构转型。

经济体制转型是指从高度集中的计划再分配经济体制向市场经济体制转型。经济体制转型的目的是在一段时间内完成制度创新。经济结构转型是指从农业的、乡村的、封闭的传统社会向工业的、城镇的、开放的现代社会转型。经济结构转型的目的是实现经济增长方式的转变，从而实现一个国家或地区的经济可持续发展。经济结构包括产业结构、技术结构、市场结构、供求结构、企业组织结构和区域布局结构等等。因此，结构转型又包括产业结构调整、技术结构调整、产品结构调整和区域布局结构调整等。

本书研究的山西经济演化转型属于后者，即：经济结构的转型。所以，文章中提到的经济转型皆属于此类范畴。

经济转型实质上就是资源配置和经济发展范式的转变、升级，包括发展模式、发展要素、发展路径等等转变。这种转变有几个关键要素：转型目标模式、转型初始条件、转型过程方式、转型终极条件以及转型动力，而转型动力是转型能否成功、转型效率高低以及转型方向、目标的决定性因素。

从国际经验看，不论是发达国家还是新型工业化国家，无一不是在经济转型升级中实现持续快速发展的。我国从九五计划开始即提出了经济转型问题。

（2）中国当前正在进行的经济转型

当前，中国已全面进入经济转型期。许多地区提出了经济转型的构想，制订了经济转型规划。有些地区虽然没有提出经济转型的问题，但是实质上也在做着经济转型的工作。整体上看，全国经济转型可分为北方的经济转型和南方的经济转型，并且南北双方的经济转型有着明显区别。

北方的经济转型以中西部地区和东北三省为代表，南方的经济转型以粤、浙、闽等省为代表。中西部地区又以山西省的经济转型尤为迫切。山西省是我国的能源基地，改革开放三十多年来的能源开采利用，使得许多地区能源开采业进入了萎缩期，由于资源的逐渐枯竭，导致了一些社会矛盾的出现。转型的主要任务是减少能源产业在区域国民经济中的比重，发展新兴产业。因此，山西经济转型的核心是发展替代产业、接续产业，其次是产业技术升级。也就是说山西经济转型是以产业结构调整为主的经济转型。

纵观当前全国的经济转型，无论是南方还是北方，都把科技创新放在了突出位置。因此，中国当前经济转型的实质就是用现代科技改造传统产业，发展高新技术产业，用科技化带动产业化，提高经济发展中的高科技含量。

在经济转型过程中，金融的推动力作用是转型的根本动力，尤其是政府金融先导在转型发展过程中发生着极其重要的作用。虽然民间资本是推进经济转型的中坚力量，但是离不开政府的金融先导作用的发挥。政府在经济转型中发挥着调整生产关系、合理分配生产资源、引领科技进步的作用。政府金融先导作用发挥的优劣，决定了经济转型能否顺利进行，经济转型进展的快慢，决定了经济能否顺利实现可持续发展。

2.2 相关理论——金融先导理论

孔祥毅先生提出的金融先导理论是本论文最重要的理论基石。

2.2.1 国内学者对金融先导的论述

金融先导理论是我国著名金融学家孔祥毅先生首先提出并进行系统论证的关于金融推动经济发展的现代金融理论。虽然“金融先导”一词也偶见于其他学者的论著中，但其内涵和外延都与金融先导理论不尽相同或者相去甚远，并且未形成系统的理论。

据可阅文献查得，现代学者中最早使用“金融先导”一词的是辽宁社会科学院经济研究所的张献和先生，他的金融先导的概念也最接近孔祥毅先生提出的金融先导理论。他在《金融先导论》(1996)中阐述“中国经济正处在新旧经济体制交换的转型时期，……，经济货币化已成为一种必然，……，由传统体制下物资运动引导金融运动转换为金融运动引导物资运动，……，促进经济发展，这就是金融先导论”①。并从四个方面对金融先导进行了论述：第一，金融在社会总供需平衡中发挥主要作用。这个先导作用如果利用得好则实现总供求的平衡，促进经济稳定发展；如果随心所欲，则后患无穷。第二，在市场经济条件下，货币资金的配置引导着实物资源配置，金融运动引导物资运动。第三，改革开发后，中国国民经济运行格局发生了深刻的变化，财政对资金的分配能力下降，金融对资金的调节能力逐年增大，金融已成为经济发展的先导。第四，经济增长与货币供给增长之间具有明显的正相关关系。货币政策必须先于经济的变动而变动，货币供应量的变动使经济运行发生相应的变化，货币供应量的规模、结构，决定经济的发展速度和产业结构发展方向、结构状况。并提出通过提高经济的货币化程度、建立真正意义上的商业银行、发展统一的金融市场，以便发挥金融先导的高效作用②。总的看来，张献和先生的金融先导论讲的是我国改革开放后，经济由原来的计划经济转变为运用经济手段调节的市场经济，金融便是这个调节手段的媒介。他的这个观点与孔祥毅先生所提出的金融先导理论最为接近。

---

① 张献和，金融先导论［J］. 社会科学辑刊，1996，(2)：47.

② 张献和，金融先导论［J］. 社会科学辑刊，1996年，(2)：48.

张建华、郗璟在《略论金融先导与中国金融发展战略的选择》(2001)提到“我国应实行金融先导的发展战略”，但他没有详细论证“金融先导”，而是直接引用麦金农的“供给先行”型(supply-leading)金融，将其翻译为“金融先导”[①]，其他大多数经济学者亦多持此种观点。例如，郑日在的《对金融先导论的反思》(2010)所反对的金融先导就是麦金农和肖在上世纪70年代提出的金融自由化[②]。

2.2.2 金融先导理论的提出

金融先导理论是孔祥毅先生在多年的金融理论研究中总结出来的现代金融理论。先生对金融先导理论的研究始于1975年。当时先生正在从事民国时期山西省金融史的研究，接受中国人民银行的委托，对阎锡山与山西省银行史料进行整理。在整理过程中，先生发现山西省的工业化建设是从二十世纪10—20年代整理货币、兴办银行起步的；民国时期30年代山西的工业化建设也是通过金融先导成就的。该思想贯穿于其总纂的《阎锡山和山西省银行》[③]中。孔祥毅先生在1993年参与主编的《三晋经济论衡》一书中，进一步探讨了民国时期阎锡山运用金融先导战略，推动山西工业化的转型[④]。先生在随后几年的研究中发现，这样的案例中外皆有，是一种规律。因此，先生在1998年开始正式使用了金融先导的概念，并且作为一种政策观点多次为地方经济发展提供报告，形成《政府主导下的金融先导型产业调整》一文。2006年9月16日在《金融研究》编辑部、辽宁大学、人民银行沈阳分行联合举办的“中国金融发展高层论坛”上孔祥毅先生发表《论金融先导》(该文收录于2007年9月中国金融出版社出版的《中国金融发展理论前沿》)，正式提出“金融先导理论”。

2.2.3 金融先导理论的内容

金融先导理论是落后经济体通过政府实施一系列的金融政策的安排，推

① 张建华，郗璟，略论金融先导与中国金融发展战略的选择［J］. 中南民族学院学报（人文社会科学版），2001年，(1)：25.

② 郑日在，对金融先导论的反思［J］. 网络财富，2010年，(5)：58.

③ 中国人民银行山西省分行，山西财经学院金融史编写组编，阎锡山和山西省银行［Z］. 北京：中国社会科学出版社，1980.

④ 纪馨芳、孔祥毅等编著，三晋经济论衡［M］. 北京：中国商业出版社，1993：32-45.

动经济超常规发展，实现赶超发达经济体的战略。这里的经济体可以是一个国家、可以是一个地区。该理论从三方面进行了论述。

（1）落后经济体赶超发达经济体需要实施金融先导战略

一个经济体之所以落后，究其原因就是投入到该经济系统中的各种可利用资源较少，同时存在资源配置错位、配置效率低下的状况。在这种情况下，不能任凭自由市场经济与金融的自然演进，而是需要政府实施金融先导战略，改善金融环境、优化金融结构，引导社会创造出新的信用工具加快社会商品化、货币化，引导社会闲散资金转化为资本。通过重新合理配置资金来引导资源向高效率的、可持续发展的产业转移，实现经济的快速增长，产业结构的进一步优化，从而达到超常规的发展目标。

（2）金融先导战略必须由政府来实施

一方面，政府负有发展经济、稳定社会的职责，实施宏观调控政策是政府的职能。另一方面，自由市场经济中的资本的本性就是趋利避害，金融机构的运作常常嫌贫爱富，这是市场规律。当一个经济体发展落后时，民间资本就会从这个经济体流出，流向发达的、有利可图的地区或行业。致使落后的地区或行业更加缺乏资源，进而更加落后。所以，经济落后的国家或地区，只有通过政府实施金融先导战略，才可能用政策营造金融洼地，留住本地资金，吸引外地资金内流；才可能使产业政策与金融政策结合，推动本地经济资源的重新配置，引导资金流向新型产业，促进经济转型发展。

（3）政府如何实施金融先导战略

政府实施金融先导战略就是使金融领先于实体经济发展。所以，一方面，政府要通过制度的创新、政策的创新来营造一个高效、公平的金融环境。通过诱导、推动金融机构创新、金融工具创新、金融业务创新，改变原有的资源配置机制，形成对内、外部资金的有效吸纳机制。另一方面，政府可以直接或间接向某些产业投资。新兴产业的出现往往是代表着未来经济的发展方向，但是，这些产业刚刚出现时，由于未来的不确定性，很难得到社会资本的青睐。这个时候就需要政府运用金融先导战略，通过直接或间接投资这类企业，以扶持新兴行业的初始的发展，促进产业结构优化升级。

第3章　明清时期山西经济商业化转型过程中的金融先导

3.1 明清时期山西经济所处的时代背景及经济环境

3.1.1 明清商品经济发展繁荣的政府条件和市场条件

（1）政府制度安排逐步有利于商业的发展

明清时期，虽然统治者在思想观念上仍然大力提倡重农轻商，并加强对官营手工业、商业的控制，但是对于民间工商业，已经采用相对宽松的政策，也有着不少维护商人，体恤商人的举动。洪武初，“凡商税，三十而取一，过者以违令论”。① 永乐时，进一步放松了对民间税收的管制，“嫁娶丧祭时节礼物、自织布帛、农器、食品及买既税之物、车船运己货物、鱼蔬杂果非市贩者，俱免税”②。到了中后期，工商业在经济生活中的作用日益加强，国家财政对工商业的依赖性也越来越重，因此统治者不得不调整部分经济政策。隆庆四年六月，“工部复大学士高拱所陈恤商事，言贫商困累，惟多给预支银可以拯之……诏可”③，“厚农资商”政策得到大力推行。

到了清代，特别是清前期，在“商品流通方面，国家干预的指令性经济已经退居次要，只是在较小的范围内，对专卖等主要商品的控制上在对官商的管理上，以及遭受自然灾害、需要地区间粮食等物资调剂时，官府才下达指令，或专项投资，引导商人营运。对于一般的民间商人，主要是营造经营环境，保护商人利益，调动商人的积极性，已在颇为广泛的场合发挥市场的功能，其政策、法规可操作性强，适应社会实际”④。清初屡见减轻商人负担的“谕旨”，严禁关吏滥征。顺治八年谕令吏部，“榷关之设，国家借以通商，

① 明史（卷81），志第57，食货五［Z］.

② 明史（卷81），志第57，食货五［Z］.

③ 明世宗实录（卷46）［Z］. 隆庆四年六月庚申.

④ 吴慧主编，中国商业通史（第4卷）［M］. 北京：中国财政经济出版社，2008：723.

非以苦商”，着令各榷关只能“设官一员，其添设者悉行裁去，以后不得滥差”。[①]康熙时进一步提出“利商便民”，明令“严禁各关违例征收”[②]。雍正时在全国大规模推行摊丁入亩，将全部人役负担归入地亩之中，使得国家放松了对民间人口的控制和束缚，削弱了封建的人身依附关系，同时使无地和少地的工商业者负担更进一步减轻，工商业环境大为改善。

为了进一步规范民间商品交换，明清时期，各行各业逐步设立牙行。牙人充当本行业的中介者，为在异地进行买卖的商人寻找买家或卖家，牙人衡量货物好坏，定价格高低，说和双方成交以收取佣金。并且规定：“凡诸物牙行人评估物价，或以贵为贱，或以贱为贵，令价不平者，计所增减之价，坐赃论，一两以下，笞二十，罪止杖一百，徒三年。入己者，准窃盗论，查律坐罪，免刺。”[③]同时还注重保护商人的财产权益，如：规定“各处客商辐辏去处，若牙行及无籍之徒，用强邀截客货者，不论有无诓赊货物，问罪，俱枷号一个月。如有诓赊货物，仍监追完足发落。”[④]不仅如此，政府还主动介入预防商业债务纠纷，乾隆初年，江西按察使凌燔和其同僚设计了“合同联票”来确保商业信用和预防商业纠纷的产生。[⑤]

在这阶段里，经过张居正的社会经济改革，主要是清丈土地和一条鞭法的推行，相对地减轻了农民和手工业者的赋役负担。从康熙末年至乾隆末年（1712—1795 年），正是十八世纪时期。这时期的社会经济经过康熙时期的恢复，到雍乾时期得到稳定持续的发展。进入 18 世纪，农业生产稳步发展，商品资本空前活跃。粮食、棉花、棉布、丝织品、油料、染料等经济作物、手工业品的商品化与长距离运销，不仅增加了地方市场的商品交易量，而且也推动了区域大市场的形成。许多传统墟集、草市逐渐具备了大宗商品集散地的功能，大批的商业市镇产生并兴盛起来。农产品与手工业品的商品率已有明显提高，虽然各地情况不同，但商品率较低的地区也有 20% 到 30% 的产品在为市场而生产，较高的地区则高达 60% 到 80%。[⑥]

---

① 清世祖实录（卷 54），顺治八年闰二月乙卯 .

② 清朝文献通考（卷 26），征榷［Z］.

③ 大清律例（卷 15），户律 · 市廛［Z］.

④ 明代律例汇编（卷 10），户律七 · 市廛，“私充牙行埠头”条所附［Z］.

⑤ 张海英，明中叶以后“士商渗透”的制度环境——以政府的政策变化为视角［J］. 中国经济史研究，2005 年第 4 期 .

⑥ 方行、经君健、魏金玉主编，中国经济通史 · 清代经济卷［M］. 经济日报出版社，2000：18.

随着市场发育与商品交易量的扩大，反过来又极大地推动了工农业生产的增长。在农业生产中，不仅有高粱、玉米、番薯等产量高或适应性强的新型作物的引进与普及。而且在商品经济与市场的刺激下，土地复种面积不断增加，水利灌溉设施也得到了较大发展，更多的农具、耕牛、肥料等生产资料被投入到了农业生产中。各种商品粮，桑、麻、棉等经济作物的种植也得到了推广与普及。在手工业生产中，如棉布业、丝织业、陶瓷业、造纸业、制茶业及其他一些土特产品的加工制造也逐渐从农家副业或官营手工业中分离出来，成为独立的产业。手工业的生产技术、组织形式、生产规模、分工与专业化生产等方面都得到了很大发展或推广。采煤、冶铁等矿产开采和生产资料的生产，无论是生产区域还是生产数量均得到了很大扩展。人民的生活水平普遍提高。从人民的纳税能力来看，在康熙前期，江苏省的钱粮“无一官曾经征足，无一县可以全完，无一岁偶能及额”，但到乾隆中叶，“海内殷富，为旷古所罕有。江苏尤东南大都会，万商百货，骈阗充溢，甲于寰宇，遂无不完之税”。①

（2）传统农业的大发展为商品经济的产生奠定了基础

第一，自耕农经济的复苏。

明万历前后，劳动人民推广了宋元时的田制，在海河旁边，筑修围田、拒田、架田、涂田和沙田等，与水争田。在高山上，修筑梯田，与山争田，政府允许流民就地负籍当差，“各自占旷土，…开垦为永业”。这样就有相当数量的流民变成了自耕农，随着官田制度彻底失败，官田演变为民田，其中耕种官田的部分佃农，也就随之而演变为自耕农了。此外，屯田制度的松弛，屯军逃亡，遗下荒田。“不拘军民僧道流寓土著人等，悉听尽力开耕，给与执照。世为己业”②。后来还允许“无论军种民种，一照民田起科”。③这些承种屯田的军民人户也就转化为自耕农了。于是，社会上自耕农数量较之从前有增加的趋势。自耕农在社会渐趋安定的历史条件下，又经过赋役制度的改革，赋役负担较从前合理些，可以发挥生产的主动性，勒力耕耘，提商了产量。④

清朝建国初期，为了恢复农业生产，增加赋税收入，使广大农民重新回

① 冯桂芬，显志堂稿（卷九）[Z].

② 明经世文编（卷三六O）[Z].

③ 明史（卷二五六），毕自严傅[Z].

④ 李龙潜，明清经济史[M].广州：广东高等教育出版社，1988：196.

到荒芜的土地上进行耕种，大力鼓励垦荒，政府曾数次颁发鼓励垦荒令。第一，贫民开垦荒地，“永准为业”，并“给予印信执照”，承认和确保他们的产权。如顺治十六年，河南南阳、汝宁招民开垦荒地，“地方官先给帖文，开列姓名、年月并荒田四至坐落，每岁申报上司”。[①] 第二，对有主荒田，原规定“令原主开垦，官给牛种”。[②] 第三，规定垦荒起科的年限，如顺治二年“准新垦荒地免租一年，又定原荒之田，三年后起科，原熟而抛荒之田，一年后供赋”。[③] 第四，实行以垦荒多寡考核官员的考成制度，籍以保证垦荒政策的推行。清政府作过数次规定，其中顺治十四年规定：督、抚官员一年内主持开垦 2000 顷以上者，纪录；6000 顷以上者，加升一级。道、府官员垦至 1000 顷以上者，纪录；2000 顷以上者，加升一级。州、县官员开垦至 100 顷以上者，纪录；200 顷以上者，加升一级。[④] 同年，又将辽东文武乡绅招民垦荒录用例推行全国，该例说：“有能招至一百名者，文授知县，武授武备，百名以下、六十名以上者，文授州同、州判，武授千总；五十名以上者，文授县丞、主簿，武授百总。招民数多者，每百名加一级”。[⑤]

第二，农业生产工具逐步完善，生产技术逐步提高。

从《农政全书》看，这个时期的农业生产工具较前期齐备、完善，而且还发明了一些新的工具。智发明了“木牛”，用绳索牵引犁，代替耕牛的劳作。可水耕，可山耕，可陆耕。由二人或三人驾驶，一日可耕三四亩。湖北郧阳使用人力犁，“力省而功倍，百姓赖焉”。还有一种用机械原理的代耕机。它的装置是：在田头安置两个木制的绞盘，以人力推动牵引犁头，另一人扶着犁头以免倾倒，耕完一行后，倒过来，另一人推动对面的绞盘，又把犁头牵过去，反映了农具的进步。其他农具也有创新，北方割麦用的推镰，能使篙麦在耕作方法和生产技术方面，除了继续推广轮作复种制与间作套种制外，特别注重施肥、改良土壤，当时使用的肥料除了动物粪尿外，还使用有机肥如绿肥。明人宋应星记载当时使用麦苗和豆叶作绿肥的方法，说：“南方稻田，有种肥田麦者，不冀麦实。当春小麦、大麦青育之时，耕杀田中，

① 清朝文献通考（卷一）[M].

② 清朝通典（卷一）[Z].

③ 清朝通典（卷一）[Z].

④ 清世祖实录（卷一O九）[Z].

⑤ 古今图书集成，食货典，田制部 [Z]. 中华书局影印本第 681 册：7.

提高土性，秋收稻谷必加倍也”。[①] 这是使土壤氮素与有机质增加，富集与转化土壤养分，达到减少水、土、肥流失，改良低产土壤的方法。制作有机肥方法，徐光启称之为“踏粪之法”。其法一般是用秸杆、落叶、羽毛、水草、泥炭、河泥、垃圾和人畜粪尿等堆制或沤制而成。和今天的堆肥沤肥方法基本相同，由于进一步讲求选种育种技术，作物种植的种类也随之增加。如粮食作物的种植，万历前后，有稻、麻、菽（豆类）、麦、稷（即粟，小米）、黍（即糜子）等六大类，其他经济作物，如油料作物也有 16 种之多。这不仅反映了水稻和经济作物品种资源的丰富，也反映了当时劳动人民在选种育种技术上的进步。[②]

为了落实“重农务本”的措施，雍正和乾隆都非常重视农业生产。首先，他们要督抚以下各级地方官把推动农业生产作为工作的重点，因此，雍、乾时期，为了扩大耕地面积，鼓励百姓积极参加垦荒，屡颁谕旨，清厘康熙时期垦荒中存在的弊病，再次调整和落实垦荒政策：一是重新确定垦荒起科的年限和科则，康熙时期改定顺治时期的起科年限，从三年改为六年，康熙四年又改为十年，至康熙十五年又加以否定，改为三年，康熙十八年又改为六年，康熙二十三年又改为三年。雍正统一的规定：“开垦水田，以六年起科；旱田以十年起科，永勒令”。乾隆五年“特降谕旨，凡边省内地零星地土可以开垦者，嗣后悉听该地民夷垦种，免其升科，并严禁豪强首告争夺”。此外，为了激发农民开垦的极积性，清政府仍然继续向贫苦农民提供牛具、种籽等必要生产资料，“如雍正七年规定广东开垦，借给牛种工本，‘每亩定以五钱至二三钱，于存公项下’支给，分限三年扣还”。[③]

（3）手工业发展与商品经济相互促进

在商品经济不发达的情况下，封建统治者在生活上和行政上所需要的手工业品，不能依赖市场供给，只由自己组织官营手工业的工场或作坊，强制手工业者进行奴役性的生产。产品主要供封建统治者享用，并不投入市场，也不计成本、谋求利润扩大再生产。因此，以劳役性质的工匠制度为基石的官营手工业完全是自供自给的自然经济的组织形式。但是，明中叶以后，商品经济的发展，已促使自然经济基础在某些商品经济发达的地区开始分解，

① 李龙潜，明清经济史［M］. 广州：广东高等教育出版社，1988：198.

② 李龙潜，明清经济史［M］. 广州：广东高等教育出版社，1988：199.

③ 光绪大清会典事例（卷一四一）［Z］.

这就势必导致以劳役制为基础的工匠制度的瓦解和官营手工业的衰落。在手工业生产领域，生产力有显著的发展，生产工具比以前有了改进。

在棉纺织业中，明初袭用元代的无足木棉缆车，扎棉时需要“二人掉轴，一人喂上棉英”[①]。万历以后，改为四足脚踏缆车，利用脚踏转动辗轴的办法，减少人力，能使一人完成三人的扎棉操作。句容式的缆车“一人可当四人”，太仓式的缆车“两人可当八人”[②]，生产效率比过去提高了三四倍。纺棉线，以前用手摇纺车，纺工一手摇纺车，一手纺绩一根线。万历以后，改造为足踏纺车，工匠手足分工，同时并用，“凡纺工能者一手握三管纺铤于上”[③]。这说明织工的技艺已达到了精巧的程度。当时，纺织工具的品种很多，在苏州市场上经常贩卖的织机就有绫机、绢机、罗机、纱机、绸机和布机等六种，每种织机的结构都不尽相同，基本上达到了专用化的程度。织机的专用化，也是纺织业进步的表现。[④]

这时期，手工业更多采用机械装置，利用畜力、水力等动力，进行生产。四川的井盐业，无论在工具和设备上都比以前有显著的革新。史载其汲卤办法是：“井及泉后，择美竹长丈者，凿净其中节，留底不去，其喉下安消息，吸水入筒，用长绳系竹沉下，其中水满。井上悬……诸具，制盘驾牛，牛拽盘转，辘轳绞绳，汲水而上。……”[⑤] 这是利用唧筒装置的汲卤法。

随着生产技术的进步，出现了许多专门的技术工人，创造出许多精美的产品。在陶瓷业中，嘉隆年间，崔国娥善制瓷，江苏宜兴紫砂陶器兴旺时期，名手辈出，精美绝伦。棉织业中，品种繁多，松江府有名贵的三纱棉布，三梭布、番布。

综合上述，可以看到万历前后农业生产力水平在回升，手工业生产力在发展。随着社会生产力的恢复和发展，社会分工扩大，商品经济也就在这基础上发展起来了。

雍乾时期的手工业生产，如与明代比较，无论官营和民营，都有很大的发展。其中重要的纺织、陶瓷、矿冶、制盐等业发展最快。如与康熙时期比

---

① 元王帧，农书（卷二一）[Z].

② 明 徐光启，农政全书（卷三五），蚕桑广类 [Z].

③ 明 宋应星，天工开物（卷二），乃服 [Z].

④ 崇帧吴县志（卷二九）[Z].

⑤ 明 宋应星，天工开物（卷五），作盐 [Z].

较，即官营走向衰落，民营走向发展。雍乾时期与明代比较，手工工场有所发展，主要表现如下：首先，随着商品经济的发展，市场需要的增大，手工工场的生产规模有所扩大，其中以丝织业表现最明显，如在南京，明代经营丝织的机户只有几十张织机，至乾隆时，便“有五开六百张机者”[①]。全城织机“以三万余计”。[②] 织机既增，雇工人数自然也相应地增加，从而提高了产量。其次，随着手工业的发达，新的脱离农业的独立的手工业不断出现，从而在这些手工业中，也涌现出一批手工业工场。如采矿冶铸业、制糖业、陶瓷业、制茶业、制盐业、造纸业，其中雍乾时期的采矿冶铸业，无论生产规模和产量都超过以往任何时代。其中以铁矿采冶业在广东、陕西、云南、湖南、福建等省最发达，发展也较快。

工场手工业的发展，是雍乾时期资本主义萌芽滋长的重要表现。但整体来说，当时的手工业并未进入手工业工场时期，手工业工场并未在手工业中占统治地位。手工业工场还没有把这些小手工业作坊和家庭手工业变成自己的附属物，农业和手工业分离仍是非常个别的现象。所以资本主义萌芽虽有某些滋长，但是仍旧处于萌芽状态。

（4）多部门之间大规模的交换促进商品经济的繁荣

商品生产与商品交换，在我国封建社会早期已经存在，不过，随着生产力水平的提高，万历前后，在宋元的基础上，有了进一步的发展。无论城镇和乡村，都有一批小生产者从事商品生产，这必然要引起和扩大手工业部门之间以及手工业部门与农业部门之间交换的发展，从而促进商品经济的繁荣。

一是城市商业的繁荣和专业市镇的出现；二是西北、东北地区茶、马市逐渐演变为各族自由贸易的市场。万历前后，随着生产力的提高，分工的扩大，各生产部门的劳动生产率有所提高，商品生产增长较快，这就要求扩大市场，从而促进了商业的扩大。当时，有的产品通过商人长途贩运，销售至遥远的地方，甚至南洋诸国。如福建大宗的手工业产品和农副产品、纱绢、蓝、铁、柄、荔枝、糖、纸等，“无日不走分水岭及浦城小关，下吴越如流水，其航大海而去者，尤不可计”。[③] 其他地区如南京的绸缎，松江的棉布，景德镇的瓷器，广东的红白糖和佛山的铁锅，安徽湖南的茶叶，也有着广泛

① 光绪重纂江宁府志（卷一五），拾补［Z］.

② 同治上江两县志（卷七），食货考［Z］.

③ 李龙潜，明清经济史［M］.广州：广东高等教育出版社，1988：208.

的国内外市场。同时，手工业所需要的原料，常常由遥远的原料产地来供应。如上所述，说明当时的产品销售已经超出了地方的区域性小市场，而扩大至全国性市场，甚至扩大至国际市场了。随着商业的扩大，各地区之间物品交流频繁，刺激了城市手工业的发展和商业的繁荣。特别是沿江沿海的大中城市的商业，呈现了空前的蓬勃气象。

这时期，海外贸易的发展，对东南沿海地区的经济影响甚大。它加强了东南沿海地区各省府州县之间以及与国外市场的联系，促进了东南沿海地区商品生产和商品交换的发展，也促进了与对外贸易直接有关的手工业发展，诸如丝绸、瓷器、茶、箱等商品，作为国外市场的畅销品而大量输出，正是生产力发展水平提高的反映。同时，手工业品的大量输出使中国当时在对外贸易中长期处于出超的地位，外国商人只好用墨西哥银元来偿付，这就使白银大量流入中国，促进白银的使用更加普遍化。一条鞭法中赋役折银制度的出现是与这种历史背景密切相关的，而赋役折银制度的推行又扩大了货币的流通范围，反过来促进农业产品商品化，从而使商品经济进一步活跃起来。

总之，万历前后，社会分工的扩大，商品生产的增长，国内外贸易的新发展，都市的繁荣以及专业城镇的出现，西北、东北地区茶、马市向各族自由贸易市场的转变，海外贸易中商舶贸易的兴起，都反映了商品经济的发展确已达到一个新的水平，它对社会经济的发展，具有重大的历史意义。

一是商人社会地位的确立。明代基本上承袭了元代的编户制度，以职业划分户别，把人民划分为军、民、匠三大类，每类之下，又分为几个小类。如民户下又分为：儒、医、阴阳等户；军户下又分为：校尉、力士、弓兵、铺户等户；匠户下又分为：厨役、裁缝、马户、船户等。此外，还有盐灶、矿冶、僧道等户。朱元璋常说理财之道在于“使农不废耕，女不废织，厚本抑末”。[①] 张居正在他推行一条鞭法的改革中，一反“重本抑末”的传统，贯彻了他的农商并重的思想。他把农业和商业的关系比喻为秤砣、秤杆互相依赖一样，提出“省征发，以厚农而资商；轻关市，以厚商而利农”的主张。[②]

康熙虽然“重农”，但不抑商。他认为“商民为四民之一”[③]，应该给予商人一定的社会地位。因为“彼家赀皆从贸易积聚，并非为官贪婪所致，何必

① 李龙潜，明清经济史［M］. 广州：广东高等教育出版社，1988.

② 张文忠公全集·文集（卷八），赠水部周汉浦榷竣还朝序［Z］. 转引自：明清经济史［M］：194.

③ 清圣祖仁皇帝圣训（卷二）［Z］.

刻剥之”①。因而提出“利商便民”②的主张，推行了一些有利于工商业发展的政策。在商业领域，为了防止官吏对商人额外征收，康熙四年规定各钞关抽分，具按定额征收，……溢额者加级纪录急例，永行停止。③次年又命直隶各省设立关税之所，缮具税则。刊刻于木榜之上”照示商民，照额征收，“如有不肖官吏于定额之外”，私行滥收者“依律治罪”。④

明清时期社会观念中所出现的某些新思潮，自然推动了工商业活动的进一步发展。我们从许多文献中，都可以看到明清两代工商业者的社会自觉正在不断增长，许多商人以及商人世家的人，都为商人地位的提高而大力疾呼，大胆反抗传统对于工商的轻视，甚至把为商之道与封建伦理道德、天道相提并论。如李梦阳引述商人王文显的活说：“夫商与士，异术而同心，故善商业者处财货之场而修高明之行。”⑤出身于新安商人家庭的明朝显宦汪道昆，提出“良贾何负闳儒”，“商贾虽与时逐，而错行如四时，时作时长，时敛时藏，其与天道，盖冥合也”。这个时期商人观念的变化，构成了当时社会变化的一个重要组成部分。

二是统一度量衡进一步便利了小农商品经济的扩展。康熙二十三年下令统一制钱的重量，规定每钱约重一钱，一串钱值银一两.康熙四十三年规定各省一律改底面平准的升斗。康熙亲自参加标准铁升、铁斛的观测校准。⑥

三是商业城镇的涌现。明代隆万时期京师重地“四方财货骈集于五都之市，彼其车载肩负，列肆贸易者，匪仅田亩之获，布帛之需，其器具充栋与珍玩盈箱，贵极昆玉琼珠，滇金越翠，凡山海宝藏，非中国所有，而远方异域之人，不避间关险阻，而鳞次辐转”。⑦乾隆时期北京、佛山、汉口、苏州被人称为“天下四聚”。除此之外，还有南京、扬州、杭州、广州、重庆、芜湖等全国著名的商业贸易城市。

四是商路发展成熟。到了清代，各地商路更有所发展，东北延伸至黑龙

---

① 清圣祖仁皇帝圣训（卷四六）[Z].

② 东华录（康熙卷二八）[Z].

③ 清圣祖实录（卷一四）[Z].

④ 清圣祖实录（卷一八）[Z].

⑤ 李梦阳，空同先生集（卷44），明故王文显墓志铭[Z].

⑥ 清圣祖仁皇帝圣训（卷五三），弘制度一[Z].

⑦ 张瀚，松窗梦语（卷4），转引自傅衣凌，明清社会经济变迁论[M].北京：人民出版社，1989（01）：125-126.

江流域，正北延伸到中俄边境，正西延伸到从蒙古科布多，经塔城、伊犁、疏勒以至喀什米尔一带，而西藏、云南、广西各边境省份也都有许多通往内地的商品流通路线。

五是产品商品化趋势显著。雍乾时期，随着社会分工的不断扩大，新的手工业部门从农业中分离出来。造就了越来越多的手工业部门，扩大了手工业品之间的交换，繁荣了地方集市。如浙江桐乡县的濮院镇，明万历中以纱绸业兴起，到了乾隆年间，已是“万家烟火”的纱绸业中心。炉头镇原是炉头村，乾隆年间成为冶铸中心。吴江县的盛泽镇在嘉靖时期是一百多户以绫绸为业的小市，到了乾隆年间便发展为“居民百倍于昔，绫绸之聚，亦且百倍。四方大贾辇金至者无虚日，每日中为市，舟揖塞港，街道肩摩”的大市镇了①。

3.1.2 商品经济发展催生金融业革命

（1）商品经济大发展促成金融需求主体的壮大

第一，商人集团的出现。

明王朝时期，内部政局安定，商品流通范围日益发展，商业资本空前活跃，出现了晋商、徽商、粤商、闽商、江右商、吴越商等许多商帮。其中，晋商的活动舞台已伸向全国各地。费正清先生说：“中国在 18 世纪，如果不是更早些的话，已经有了一个真正的国内市场，任何一个地区的供应品，可以用来满足其他任何地方的需要，……好比说欧洲文艺复兴的开端，或者中国商业革命的起步。……中国国内市场的兴起可以从各种专业化的商人群体的成长来衡量，诸如批发商、零售商、走南闯北的行商，上层都还有层层的掮客和代理人，他们为不同地区间的贸易服务。”② 由于城市的发展，市场的繁荣，造就了许多以行业区分的拥有大量商业资本的商人集团，如：行商、盐商、粮商和票商、洋商等，这些商人集团中的大商人都是天下的巨贾，操纵了全国的商业。山西的曹家、乔家、渠家、常家、刘家等分别拥有数十万至百万两银子。③

在明代，国内商界先后兴起了晋商、徽商、陕商、洞庭商、江右商、山

① 李龙潜，明清经济史［M］. 广州：广东高等教育出版社，1988：214.

② 伟大的中国革命［M］. 世界知识出版社，2000：68.

③ 清徐阿，清稗类钞（第五册），农商类（Z）.

东商、广东商、福建商、宁波商、龙游商等十多个商人群体。进入清代，这些商帮的经营品类、活动范围、资本数量均得到了极大拓展。晋商在明初的北部边镇市场，以经营粮食、食盐、棉布而兴起于商界。到18世纪，其活动范围进一步从明代的"半天下"发展为"遍天下"。商业网络遍布国内大江南北，长城内外，并延伸到整个北亚地区。南起香港、加尔各达，北到伊尔库茨克、西伯利亚、莫斯科、彼得堡，东到大阪、神户、横滨、仁川，西达塔尔巴哈台、喀什噶尔和阿拉伯国家，都有晋商的商业机构。营销商品也有了新的扩充，号称"上自绸缎，下至葱蒜，无所不包"。在商业组织形式上，则出现了"分号制"、"联号制"、"股份制"等较为先进的运作方式。以晋商为例，其"百十万家资者，不一而足"。[①] 其中尤以盐商盛极一时，"向来山西、徽歙富人之商于淮者百数十户，蓄资以七八千万计"[②]，"皆挟资千万金，资本行之数十年"。[③] 长途贩运贸易是地方商帮的主要经营特点，也是清代商品经济发展的主要标志。随着长途贩运贸易的发展，一些区域性的初级市场逐步形成，对外贸易也得到了很大拓展。粮食、棉花、生丝、蔗糖、绸缎、棉布、铁器等均成为重要的交易商品，并形成了30多个具有大宗商品集散地性质的大型商业城市。按照最新估计，鸦片战争前国内市场的商品流通值（不是交易值）已经达到5.25亿两。[④]

第二，商人自治组织——商会、行会的兴起。

据中国人民大学李华教授1961年实地考察，"北京的工商业会馆，成立于明中叶的很多。如山西平遥颜料商所建立的颜料会馆……当在明万历以前。……还有山西临汾、襄陵两县油、盐、粮商建立的临襄会馆。山西临汾纸张、干果、颜料、杂货、烟叶等五行商人建立的临汾东馆（亦称临汾乡祠）。山西临汾商人建立的临汾西馆。山西潞安州铜、铁、锡、碳、烟袋诸帮商人建立的潞安会馆。浙江宁波药材商人建立的四明会馆。陕西关中商人建立的关中会馆等"[⑤]。商人为了保护本身利益，组成会馆，团结起来，与牙行斗争。如山西稷山、绛、闻喜三县商人建立的北京河东烟行会馆，曾因历年来

---

① 清高宗实录（卷一二五七）[Z]. 乾隆五十一年六月庚寅.

② 汪喜孙,（姚司马德政图叙），从政录卷二 [Z].

③ 参见光绪两淮盐法志（卷一五七），杂记门 [Z].

④ 吴承明, 中国的现代化：市场与社会 [M]. 上海：三联书店，2001：165—166.

⑤ 李华，明清以来北京的工商业行会 [J]. 历史研究，1978（4）.

牙侩“私抽税用事，合行不忿”[①]，奋起斗争，结果取得了胜利。

雍乾时期，商品生产和商品流通有了显著的发展。随着商品经济的发展，引起了工商业者之间竞争的加剧。他们为了立于不败之地，防止竞争，纷纷建立保护自己利益的行会。于是工商会馆、公所便如雨后春笋般地出现了。据近人不完全的统计，苏州工商会馆共建立 47 所，其中明万历天启年间建立 3 所，清康熙年间建立 16 所，乾隆年间建立 13 所。康熙乾隆年间所建共 29 所，占会馆总数 60%[②]。北京工商会馆、公所共建立 50 所，其中明中叶建立 9 所，清康熙年间建立 5 所，雍正年间建立 4 所，乾隆年间建立 9 所[③]；上海尚未发现有明代建立工商会馆的记载，清顺治年间建立 1 所，康熙年间建立 2 所，雍正年间建立 1 所，乾隆年间建立 10 所[④]；汉口尚未发现有明代建立工商会馆的记载，清代共建有工商会馆 17 所，其中康熙年间建立 6 所，雍正年间建立 1 所，乾隆年间建 7 所，乾嘉年间建立 2 所。[⑤]

广东佛山镇，清代前期，则有熟铁行、铁钉行、金泊行、陶艺花盘行等工商会馆 19 所[⑥]。可见雍乾时期建立会馆最多。这些工商会馆绝大部分是商人或手工业者创建的。如北京的通州晋翼合馆，就是乾隆四年（1739 年）由山西翼城商人建立的[⑦]。这时期会馆公所的普遍出现，反映了工商业行会已进入全盛时期。

（2）金融需求的多样化与金融革命萌芽

第一，各种金融需求的涌动。

根据上文的叙述，明清时期，中国社会的农业、手工业、商业都较前代取得了巨大进步，有的文献用明清“商业革命”[⑧]的提法来总结这样一种变化，是有其合理性的。经济史学者高德步、王钰提出了“商业革命”的概念，认为：“西欧地理大发现以后，出现了商业扩张、市场扩大、商品关系和商业组

① 李华，明清以来北京工商会馆碑刻选编［Z］. 46.

② 吕作燮，试论明清时期会馆的性质和作用［A］. 中国资本主义萌芽问题论文集［C］. 江苏人民出版社，1983：189.

③ 李华，阴清以来北京工商会馆碑刻选编［A］. 北京：文物出版社，1980：2—8.

④ 上海博物馆图书资料室，上海碑刻资料选辑［C］. 上海：上海人民出版社，1980：507.

⑤ 吕作燮，试论明清时期会馆的性质和作用［A］. 中国资本主义萌芽问题论文集［C］. 江苏人民出版社，1983：193.

⑥ 道光 佛山忠义乡志卷五，乡俗志［Z］.

⑦ 李华，明清以来北京工商会馆碑刻选编［Z］.05.

⑧ 孔祥毅，孔祥毅文集（第七册）［C］. 经济出版社，2016.10：185.

织发展、重商主义思想形成，即商业革命”。[①] 这一时期的“商业革命”有着显著的特征：一是商业贸易方式发生了变化。该时期的商业贸易以“丝绸之路”“茶马之路”“海上丝绸之路”等为纽带，以跨国、跨境远距离长途贸易为主。二是商业中心城市涌现。该时期的商业不仅使得远途商路得到扩展，造就了商路一带的经济繁荣景象，而且支撑了一大批商业中心市镇的出现，如张家口、归化、齐齐哈尔、临清、汉口、宜宾、苏杭、扬州、九江、景德镇，以及国外的库伦、恰克图、马尼拉、大阪、新加坡等主要城市，均出现了商业繁华兴隆的景象，带动了当地人口的增长。三是商业规模大幅扩大。如商帮、商业家族、商号、商会的出现，意味着商业活动已非个人或少数商队的行为，而变化为有组织、成规模的商业经营活动，在重要的商业活动之外还衍生出不少富有意义的其他活动，影响整个社会的进步。这一时期商业贸易的内部还不断发生着技术、模式、文化等多种因素的巨变，对社会进步产生着积极的推动作用，尤其对金融产生了新的需求。

首先，商业资金需求大幅增加，最主要是对金融货币数量需求的增加。商业革命的直接结果之一就是带动了对各类金融服务的需求，从而催动金融业的发展变革。需求的变化体现在两个方面：一是由个体的、分散、零星小额的资金需求，变化为大宗的、集中的资金需求。原来以小农生产性借贷和生活性货币借贷为主要的金融活动，逐渐向商人、手工业者对经营资本融通为主发展。工商业店铺或行商，通过信用贷货与信用贷款所形成的运营资本规模，往往达到原本的数倍以上。二是货币需求的增加，以及随之而来的对货币保管、熔铸、押运服务需求的增加。由于商业的扩大，除了以货易货之外，不足额的支付必然要用货币来补偿，这样在国内对白银的需求大增，由贸易原因导致了国外白银的流入。货币存量扩大后，有关金融服务业必然跟上，于是出现了银号、钱号、票号等新型金融机构，专业地从事保管、存放、熔铸和汇兑等相关业务。

其次，商业发展对汇兑服务提出显著的需求。汇票在宋代就已经出现，在金元时期由于通行兑现的纸币，汇票的业务范围可能受到一定程度的挤压。明代中后期，在明确白银为主要货币，且商业因此而急剧增长以后，如前文所述汇票等信用工具又到了一个蓬勃发展的时期，而其所代表的市场对汇兑

① 高德步、王钰，世界经济史［M］. 北京：中国人民大学出版社，2001. 第二版：183.

的需求毫无疑问是持续增强的。这种需求不仅在导致票号产生之前，对镖局的产生所起作用也应给予重视，在票号持续运营的阶段，清同治年间产生的民信局也是对汇兑业的有益补充。根据史料记载，镖局的产生略早于山西票号的产生，可能产生于清康熙年间[①]，镖局和票号不是简单的商业机构和金融机构之间的关系，二者很有可能具有一定的渊源关系。镖局的产生同样是货币化商业贸易发展的重要佐证，明末清初白银成为主要结算货币，伴随着远距离非官方商业贸易的发展壮大，结算量越来越大，人们只好聘请职业安保从事白银和重要货币的押运工作。但后来镖局也自称体系地发展至清末，而且业务繁多，通常一年为春夏秋冬四个镖期，票号与镖局在业务上互相往来，当时的商业环境受季节影响比较大，因此货币利息也受季节波动的明显影响，因此票号和账局都遵循镖期和镖利的规定。到后来，随着通信技术的发达，还出现了民信局为票号传递信件，民信局设立的高峰期主要在道光和光绪年间。[②]由于镖局也开始信镖和票镖业务，因此可以推断很可能在民信局之前，大量的汇票的传递是通过镖局进行的，而镖局产生之初押解现银的不变和风险可能也是票号得以产生的原因之一。镖局、票号、民信局这些机构的主要共同点在于，都为远距离商业信用通行提供了保障，并便利了汇兑业务的开展。

由于市场对资金需求的不断提高，社会资金供给主体、业务发生了较大的变化，资金利率水平出现了下降。明朝时期，商铺也常常执行部分金融职能，尤其是资本殷实的布铺、杂货店、绸缎店、烧店等在商业缺少资金的时候，承担了融资的功能。除此以外，还产生了货币兑换业。白银货币化以后，白银与铜钱并行，二者之间也逐渐具有了固定的比价关系，因由兑换的需求，社会上产生了钱桌、钱铺进行兑换，这个业务逐渐还扩大至存款业务。由于供给的增加，资金利率水平逐步下降，这也成为社会经济发展繁荣的标志之一。明清时期，白银的利率一般以二分三分居多，这比起唐宋动辄四、五、六分的价格，低了很多，而到了清代后期，二分之息就被视为重息。[③]利率水平下降，首先是由于商业发展造成的，其次，也说明了社会金融机构和金融服务的逐步满足。

① 黄鉴晖，明清山西商人研究［M］. 山西经济出版社，2002：179.

② 山西财经学院、人民银行山西省分行：山西票号史料［Z］. 山西人民出版社，1990：26.

③《孔祥毅文集》第七册［C］. 经济出版社，2016（10）：238.

第二，处于萌芽状态的近代金融革命。

在有关学者提出“商业革命”的概念之后，金融史学者孔祥毅先生进一步提出了“金融革命”的概念，其主要思想是：从明代中期到民国前期的一段时间，中国经济社会发生了革命性变化，这些变化主要表现为商品交换和内外贸易取得前所未有的发展，使中国经济处于历史上商业革命的状态。对应于此阶段，中国金融业也发生了剧烈变革，表现为金融机构、信用工具、业务技术、管理方式等六大领域的革命，可以称之为“中国金融革命”。①

这一时期中国金融业发生了剧烈变革，表现在：票据流通开始代替金融货币。清代前期，票据开始代银流通，社会上出现了“凭帖”“兑帖”“上帖”“上票”等等，分别相当于现在的本票、支票、商业汇票等；金融机构由一地混业向多地、专业化方向发展。明代后期清代前期，逐渐涌现了很多“似金融机构”，这些机构与商业混同发展，如商号同时经营银钱兑换、保管等业务，但后来部分商人开始专门从事银钱号、票号等金融业。

3.1.3 晋商的兴盛与金融业变革

（1）山西地区崇商观念的产生、发展

贱商、轻商观念从秦汉以来就是中国传统社会占主导地位的观念和政策，重农轻商的文化思想一直主导着社会思想领域。虽然自唐宋以来，这种状况逐渐发生变化，如南宋陈耆卿所说，“古有四民，日士、日农、日工、日商。士勤于学业则可以去爵禄，农勤于田亩则可以取稼穑，工勤于技巧则可以易衣食，商勤于贸易则可以积财货。此四者，皆百姓之本业，自生民以来……未有能易之者也。”② 但是，这只是少部分人的主张，农业为主，商业为末仍是传统社会普遍接受的思想观念。

但是，山西素有“八分山丘二分田”之说，耕地资源稀少，因而“本地所出之粟，不足供居民所用，必仰给予河南、陕西二省”。也由于“田不足于耕也”，“晋俗以商贾为重”。

到了明代中后期，儒学宗师提出了“四民异业同道”说，“士以修治，农以具养，工以利器，商以通货，各就其资之所近，力之所及者而业焉，以求

① 孔祥毅，山西票号与中国商业革命［J］. 金融研究，2002（8）；又见票号的产生及金融创新［J］. 中国金融，2003：13.

② 嘉定，赤城志，37，风土门·士俗·重本业［Z］.

其尽心。其归要在于有益于生人之道”。而晋商王显更是直接训诫诸子曰：“夫商与士也，异术而同心。故善商者处财货之场而修高明之行，是故唯利而不污。善士者引先王之经，而绝货利之径，是故必名有成。故利以义制，名以清修，各安其业。”

到了清代，山西商人经营成效显著，“非数十万不称富”。富商的成功，必然促使同乡人顿起效法之心，如此长久持续的兴旺在当地百姓中形成压倒性优势，彻底击溃人们思想上轻商淡利的观念，商人的社会价值愈加突出。雍正时，山西学政刘於义奏折中说道：“山右积习，重利之念，甚于重名。子弟之俊秀者，多入贸易一途，其次宁为胥吏。至中材以下，方使之读书应试。”而雍正皇帝对山西“商贾居首，其次者犹肯力农，再次者谋入营伍，最下者方令读书”的习俗表示难以理解。这说明在当时社会仍然重农轻商理念盛行之时，山西已然突破了传统思维的桎梏，走在了前面。而到了晚清时期，山西重商风气更达极致。光绪年间，太原人刘大鹏感叹：“近来吾乡风气大坏，视读书甚轻、视为商甚重，才华秀美之子弟，率皆出门为商。”

（2）晋商的兴起

第一，几大贸易区的兴盛。

一是明代兴起的晋北经济贸易区。主要指当时大同府区域内的经济贸易区，该区属九边之一，曾实行军屯、民屯及商屯，由此人口逐渐增加，市场需求也随之增加。该区包含今属内蒙古的一部分地区，拥有丰富的皮毛制品等，同时也是当时晋商向北跨区域贸易的门户，因而商业繁荣。尤其是北边重镇大同，即是“茶马互市”的主要区域，也是山西本省商品和南部贩来的茶、棉、丝等手工业制品的集散地，因而成为晋北的商业中心。明代中后期，“大同地方，军民杂处，商贾辐辏”①，“至若陆驮水航之物，藏山隐海之珍，弥不辐凑而至者，大都多东南之产”②，其“繁华富庶，不下江南”③，城内商贾云集，人口众多，“城中四角街巷一百三十条，房舍比栉”。晋北除商业中心大同外，还有不少县级以下的商业集镇，朔平府治右玉城“明初设卫，为云西要路，兵道协镇，驻于斯，粮饷商旅，多所经过，城关接连，室庐相望，颇

① 戴金，皇明条法事类纂［Z］. 卷 42，北京：科学出版社，1994.

② 李维祯纂修，万历山西通志［Z］. 卷 6，明万历年间修，崇祯二年刻本 .

③ 谢肇淛，五杂组［Z］. 卷 4，地部二，北京；中华书局，1959.

称富庶”。[①]右玉县城西北70里处的杀虎口，作为蒙汉交易的重要场所，口内“汉夷贸迁，蚁聚城市，日不下五六百骑”[②]，且随着蒙汉贸易的进一步推进，逐渐成为“商贾络绎”的关市。[③]

二是明朝之后的晋中经济贸易区。以太原府为中心的省内经济贸易圈，主要包括太原府、汾州府和平定州，该区依靠其“襟四塞之要冲，控五原之都邑”的特殊地理位置和当时山西的政治文化中心的优势，人口相对比较集中，市场需求较大，商业比较发达，是山西省内外南北商品流通的中心枢纽。特别是在票号创办以后，该区兴起了祁县、太谷、平遥为代表的金融商业城镇，与省治太原一同成为该区的经济中心。清代中叶，太原“民居比栉，铺业鳞排”，因为“需用繁多”而集中了各种手工匠人，以至.“百工之事终岁无休”[④]。城内许多行业店铺聚集成一条条街巷，形成了靴巷、帽儿巷、酱园巷等二十多条专门的街巷，[⑤]而大钟寺一带更是“货列五都，商贾云集，踞街巷之胜”。[⑥]太谷县城是山西重要的商业城镇之一，乾隆年间，其城内即已“栋雨云连，阛阓鳞次，民物殷阜，商贾辐辏”，[⑦]而随着票号的兴起，太谷逐渐由晋中商品集散市场转化为中国金融中心，到清同治、光绪年间，“俨然操全省金融之牛耳”[⑧]。

三是晋南经济贸易区。主要是平阳府区域内的经济贸易区，包括平阳府、蒲州、解州、降州、吉州和隰州，该区历来是山西经济最繁荣的地区，也是当时山西省内人口最为密集的地区。该经济贸易区最为著名的就是盐池和制盐业，特别是蒲州和解州的盐业，成为该经济贸易区的一大支柱产业。“在山西则太原、汾州、宁武、辽、沁、平定、忻、代、保德等四十二州县领河东之引，而不食河东之盐。陕西惟鄜州之长武、及凤翔之一州七县领河东盐引，而食花马池盐，余则皆仰给于河东也。”[⑨]由于制盐业的兴盛，极大地带动了相关产业的发展，也吸引了大量的劳工，“阛阓之夫率趋盐利握

① 刘士铭修，王露纂，朔平府志，方舆志·风俗［Z］. 清雍正十一年刻本 .
② 明实录卷558［Z］. 万历四十五年六月丙申 .
③ 刘士铭修，王露纂，朔平府志. 赋役税课［Z］. 清雍正十一年刻本 .
④ 李培谦，阎士壤，阳曲县志. 舆地图下［Z］. 清道光二十三年葛英繁刻本 .
⑤ 乔南，清代山西经济集聚论［M］. 北京：经济管理出版社，2008：163.
⑥ 李培谦，阎士壤，阳曲县志. 舆地图下［Z］. 清道光二十三年葛英繁刻本 .
⑦ 郭晋修，管粤秀纂，太谷县志. 序［Z］. 清乾隆六十年刻本 .
⑧ 安恭己等修，胡万凝纂，太谷县志. 序［Z］. 民国二十年铅印本 .
⑨ 言如泗修，熊名相、吕滥纂，解州安邑县运城志［Z］. 疆域乾隆二十九年刻本 .

算，佣工不务本业”。[①] 以盐业为生的人们在该地区占有相当比重，“编审盐户八千五百八十五户，定盐丁二万二百二十名”。[②] 可以说晋南经济贸易区以盐业为其支柱产业，具有鲜明的地区经济特征。盐业专城运城在乾隆年间已是“五方杂处，富商大贾，游客山人骈肩接踵”，且“顾商贾聚集处，百货骈集，珍瑰罗列，几于无物不有。是合五方物产即为运城物产”。[③] 除利用盐业资源发展经济以外，地处汾水下游的绛州，利用其航运的便利，成为了秦晋之间的商品集散市场。陕西所产菜籽油、木材等，甘肃所产皮毛经绛州入晋销于山西各地；山西潞泽地区的生铁以及各类铁货经绛水运销往陕甘，每年估计经绛州运销的铁货达 1000 万斤以上。[④] 绛州城内车马、骆驼络绎不绝，街道两旁车马店、过载店、各类店铺鳞次栉比，有“小苏州”之称。

四是晋东南经济贸易区。主要是指潞泽地区，包括潞安府、辽州、沁州和泽州。顺治《潞安府志》记载：“上党……所产无几，其奔走十一者，独绸与铁耳”[⑤]。另有《泽州府志》载，“其输市中州者，惟铁与煤，日不绝于途”[⑥]，可见该地区主要以冶炼、煤炭和丝织等手工业生产为主。其中潞绸尤为著名，曾经远销国内其他地区。明代，潞安府潞绸的生产规模很大，“其登机鸣杼者奚啻数千家，舟车辐辏者转输于省直，流行于外夷，号称利薮，其机则九千余张”[⑦]，到明季潞绸生产规模更是空前，仅“长治、高平、潞州卫三处，共有绸机一万三千余张”。[⑧] 泽州冶铁业十分兴盛，清道光时，风台县共有熔炉千余座，熟铁炉计百余座。铸铁业共有熔炉四百余座，产量十分巨大。“在欧洲的进口货尚未侵入之前，足有几亿人是从风台县取得铁的供应的”。[⑨]

第二，全国大市场拓展和开展国际贸易。

山西商人活动区域远不止山西本地，他们主要从事的是跨区贸易。明初，山西商人基本活动于北方边镇市场和各大盐场，明中叶以后，“足迹可半天下”，入清以后，山西商人活动区域空前扩大，号称是“凡是有麻雀的地方

---

① 言如泗修，熊名相、吕滥纂，解州安邑县运城志．风俗［Z］．乾隆二十九年刻本．

② 蒋北奎，河东盐法各览，坐商门·附盐丁颠末［Z］．乾隆五十五年刻本．

③ 言如泗修，熊名相、吕滥纂，解州安邑县运城志．风俗［Z］．乾隆二十九年刻本．

④ 黄鉴晖，明清山西商人研究［M］．太原：山西经济出版社，2002.

⑤ 杨晙修，李中自、周再熏纂，潞安府志，地理四·气候·物产［Z］．清顺治十六年刻本．

⑥ 朱樟修，田嘉毅纂，泽州府志．物产［Z］．清雍正十三年刻本．

⑦ 杨晙修，李中自、周再熏纂，潞安府志，地理四·气候·物产［Z］．清顺治十六年刻本．

⑧ 张淑群，姚学瑛等修，姚学甲等纂，潞安府志卷 9［Z］．清乾隆三十五年刻本．

⑨ 彭泽益，中国近代手工业史资料［M］．北京：中华书局，1962.

就有山西商人”。外地经商的山西商人到底有多少，实已难考证，但是我们可以从一些史料中可知其数非小。如《怡青堂文集》记载，“太、汾、忻、代之人，经商者十人二八。太原之太谷、祁县、汾州之介休、平遥，其投资于川、广、三吴、两楚，食肆甚广”，“文（水）、交（城）、清源之间，挟囊适船厂（今吉林市）博魁者，动辄数千人”；[①]《新绛县志》载：“绛人性质和平，故营商亦最长，除在本地约全县人十分之二外，尚有经商于陕西、甘肃、河南及北京各地。而自成一团体者，如西北乡人多在陕、甘两省；其数千人上下，南乡人多在北京；东乡人多在河南，亦各数百人不等。”[②]黄鉴晖根据咸丰初年城市商人捐银档案，统计得出当时在京师、天津、奉天、长沙、安庆和兰州六个城市的山西商人当在6180人左右[③]，若再考虑到没有捐钱的小店，这一数字将更大；而如果再考虑到全国甚至于国外，这个数字则必然只是一个十分小的数字。由此可见，山西商人外出经商人数之多。总体而言，山西的跨区域贸易主要分为北边贸易区和南边贸易区的拓展。

北边贸易主要由明朝的边镇市场走向蒙古和沙俄的贸易。到了清代，晋商对蒙古贸易，无论在经营业务种类上还是行商地域范围上，都是其他任何一个同时代商帮所无法比拟的。著名商号大盛魁，“单是通蒙古的贸易额就不下九百万两至一千五百万两白银。为了运输货物，该店有一千五百峰自备的骆驼，经常往来于归化城与乌里雅苏台之间”。[④]其中库伦作为蒙古草原上的中蒙贸易商城，“统计山西商人一千六百三十四人”[⑤]，在库伦的百余家商户中，山西人占到了十分之六。[⑥]对俄贸易，晋商以张家口为基地进行了垄断。据顺治《云中郡志》载，张家口“商贾皆出山右人”。[⑦]据道光《万全县志》记载，“八大家者，皆山右人，明末时以贸易来张家口……自本朝龙兴辽左，遣人来口贸易，皆八家主之”[⑧]，晋商还不断向俄国本土进军，开拓海外市场。在中俄

① 王锡纶，怡青堂文集·晋省贫富强弱策［M］. 卷3.
② 徐昭俭修，杨兆泰纂，新绛县志生业［Z］.1929年铅印本.
③ 黄鉴晖，明清山西商人研究［M］. 太原：山西经济出版社，2002：297.
④ 阿·马·波茨德涅耶夫，蒙古及蒙古人［Z］. 刘汉明、张梦玲、卢龙译，内蒙古人民出版社，1989.
⑤ 陈箓，蒙事随笔［M］. 转引自张正明：明清晋商资料选编，太原：山西人民出版社，1989.
⑥ 李廷玉，游蒙日记［M］. 闰四月初九日，清光绪三十二年，中国社会科学院中国边疆史地研究中心编，全国图书馆文献缩复制中心出版，1990.
⑦ 胡文晔：顺治，云中郡志卷2［Z］. 大同市地方志办公室，1998.
⑧ 万全县志［Z］. 民国23年铅印本，中国地方志民俗资料汇编，书目文献出版社，1995.

边界贸易重镇恰克图，“所有恰克图贸易商民，皆晋省人”[①]。据《外蒙古纪闻》载，“（晋商）各商号在莫斯科、多木斯克、耶尔古特斯克、赤塔、克拉斯若亚尔斯克、新西伯利亚、巴尔纳乌、巴尔古近、比西克等俄国较大城市……都设有分庄”。[②]

山西商人在南部的商业活动主要包括：以北京为中心的京津贸易区、以汉口为中心的两湖贸易区、以扬州为中心的江淮贸易区、以上海为中心的沿海贸易区以及以重庆为中心的西南贸易区。明朝时山西商人在京津贸易区主要经营盐业、颜料、烟草、杂货、油行、绸缎、酱菜、酒业、纸张以及铜铁冶制业等，到清中期，部分改为经营当铺、钱庄和票号，北京的草厂胡同、大栅栏、施家胡同、粮店街一带为晋商聚居经营之地，80% 都是山西人的票号。[③] 在以汉口为中心的两湖贸易区，晋商主要经营茶叶生意，并涉及种植、加工、运输等领域，并以汉口为基地向湖北、湖南延伸，逐步涉及到布匹、烟草、粮油、皮货等行业，同时汉口也是山西票号业经营的一个重要市场。光绪七年（1881 年），汉口有山西票号达 32 家。[④] 在以扬州为中心的江淮贸易区，晋商主要以盐业生意为主体，并借助边镇盐引将盐业生意延伸到扬淮地区。晋商在以上海为中心的沿海贸易区的快速发展和稳定，主要是山西票号金融业在上海的发展。晋商在以重庆为中心的西南贸易区的业务开展主要是利用山西的盐业、工业制成品如颜料与当地特色资源和原料进行贸易。

山西商人活动范围的扩大并不仅仅是开拓各地市场，更主要的是开发形成了庞大的贸易网，从而促进了大宗商品远距离贸易的发展和对外贸易的扩张，而这正是 16—18 世纪中国商业革命的体现。[⑤] 到清代，除垄断了从长江口到日本长崎进口铜贸易以及积极参与对朝贸易传统海外贸易以外，山西商人更主要的是开发了由内地通往北亚、西亚和欧洲方向的陆路贸易，其具体商路是：

南方诸省——长江——汉口——襄樊——赊旗——清化——晋城——潞安——子洪口——晋中（祁县、太谷、平遥）——太原——雁门关——黄花

---

① 何秋涛，朔方各乘卷［Z］. 光绪七年刊本 .

② 张正明，晋商兴衰史［M］. 太原：山西古籍出版社，1995.

③ 刘建生，刘鹏生等，晋商研究［M］. 太原：山西人民出版社，2005：107.

④ 中国人民银行山西分行、山西财经学院，山西票号史料［Z］. 太原：山西经济出版社，2002.

⑤ 唐文基主编，16.18 世纪中国商业革命［M］. 北京：社会科学文献出版社，2008.

梁——张家口——库伦——恰克图——伊尔库茨克——新西伯利亚——莫斯科——彼得堡。

南方诸省——长江——汉口——襄樊——赊旗——清化——晋城——潞安——子洪口——晋中（祁县、太谷、平遥）——太原——雁门关——黄花梁——张家口——多伦诺尔——锡林郭勒——察哈尔——昭乌达——呼伦贝尔——喀尔喀蒙古——东臣汗部——土谢图部。

南方诸省——长江——汉口——襄樊——赊旗——清化——晋城——潞安——子洪口——晋中（祁县、太谷、平遥）——太原——雁门关——黄花梁——杀虎口——归化——库伦——恰克图——伊尔库茨克——新西伯利亚——莫斯科——彼得堡。

南方诸省——长江——汉口——襄樊——赊旗——清化——晋城——潞安——子洪口——晋中（祁县、太谷、平遥）——太原——雁门关——黄花梁——杀虎口——归化——库伦——科布多——古城——乌鲁木齐——伊犁——塔尔巴哈台——西亚地区。①

长距离贸易，山西商人早有从事，但至唐宋之后，长途贩贸才逐渐由奢侈品为主转向盐、粮食等。到明代，山西商人长途贩运的商品主要包括盐、粮、布、绸、茶等民生商品，而入清以后，更是发展到数十种，诸如茶、粮、盐、布、铁和铁制品、绸缎、皮毛、油、洋铜、瓷器、大黄等等。正是这些民生用品代替奢侈品和土特产品，成为长距离贸易的主要内容，我国国内市场才得以真正的扩大。②

（3）金融业逐渐成为晋商主业

第一，商业家族化。

从长途贩运贸易崛起的晋商逐渐积攒了雄厚的资本，同时也使得本身家族繁衍壮大起来。大的商业家族主要出现在明代中后期和清代前期，据记载，主要有榆次常家、聂家，太谷曹家，祁县的乔家、祁家，临汾的亢家，平遥李家，介休的侯家、冀家，万荣的潘家，阳城的杨家等。这些家族以经营绸缎、茶叶、布匹、百货为主，到后来逐渐开始经营当铺、钱庄、票号，并成为当地赫赫有名的大地主。商业的家族化都有一个漫长的过程，我们举几个

① 孔祥毅，山西商人对中国商业革命的贡献［J］. 山西财经大学报，2002（6）.

② 吴承明，论清代前期我国国内市场［M］. 历史研究，1983（1）.

显著的例子来说。

一是祁县乔家。乔家始于乾隆初年的乔贵发做小生意起家，中间做过当铺伙计、经营草料铺、杂货铺、银炉，逐渐做大后给商号起名“广盛公”又更名“复盛公”，后逐渐把商号拓展至包头、天津、东北，甚至长江流域地区。到了乔贵发孙子乔致庸辈时，复字号经营范围已囊括粮食、布匹、绸缎、烟酒、蔬菜、皮毛、铁木、洗染、旅馆、当铺、钱店、票号。鼎盛时期，还创办了“大德通”“大德恒”票号，到了光绪年间，也就是 1884 年左右，仅大德通票号资本就达 35 万两，到 20 世纪 30 年代时，大德恒票号的全部资产已经达到 1000 万两以上。[①]

二是榆次常家。常家在晋商中俄贸易中几乎占垄断地位，而且时间持续 200 余年。常家祖先以常威为代表，以办私塾起家，常氏私塾到清代咸丰年间发展到 17 所之多。常威的儿子常万达创立了大德玉商号，主要从事长途贩运贸易，后又相继设立了大升玉、大泉玉、大美玉、独慎玉等玉字联号，组成在恰克图进行中俄贸易的商业集团，货物主要是茶叶并兼营其他，后来还开设了大昌玉、保和玉、三德玉、顺德玉、大涌玉、奉和玉和三和源商号。

三是介休的范家。范氏祖先先是在塞上经商，逐渐富裕，到了范永斗时期，范家已经成为当时的商业“八大家”，由于声名显赫招致康熙皇帝青睐，参与到朝廷控制食盐开中、运送军粮等要务，康熙和雍正御征葛尔丹时，范家不仅押送军粮还为战争军粮进行垫款，与朝廷打牢了关系。同时期 18 世纪，范家还垄断中日铜贸七八十年，往返于长江口和日本长崎之间。

四是临汾的亢家。亢家为山西巨富，到明末清初的时候家族已经达到鼎盛，亢家以经营盐业为主，在经营运城盐池、两淮盐场、天津长芦盐场方面活跃，不仅经营盐场，亢家的生意也垄断当地的当铺，而且也在山东、北京等地开设钱庄。亢家最富有的时候，号称家资“数千万两”，“江南泰兴季氏与山西平阳亢氏，俱以富闻于天下”[②]。

第二，商业组织的企业化。

商业组织的企业化有两个重要表现，一是晋商商号在经营过程中出现了经营权与所有权的分离，即专门的职业经理人代为财东经营管理商号。二是

---

① 刘静山，祁县乔家在包头的复字号［M］. 山西文史资料第 6 辑 .

② 清徐珂，清稗类钞［M］.

由于商业规模的扩大，在商业组织形式上，出现了“分号制”的独资或合资企业。所谓经营权与所有权分离，主要指这样一种情形，“将资本交付于管事人（大掌柜）一人，而管事于营业之上一起事项，如何办理，财东均不闻问，既不预定方针于事前，又不施其监督于事后”。① 企业上层职工均按照“有钱出钱，有力出力，出钱者为东家，出力者为伙计，东伙共商之”的原则额定股份和计酬，可谓十分科学。如大德通商号的号规有一条曰：“各连号不准东家举荐人位，如实有情面难推者，准其往别号转推。”足足可见，晋商很早就严格确立了财东不允许直接干预商号经营事务，乃至用人之事也是不允许的。

联号制反映在大部分的晋商经营过程中。早期的晋商慢慢地从经营一种商品逐渐扩大到开办多个商业或手工业企业，这些独立经营核算的商号、金融机构，在业务上相互联系，相互服务，相互支持，构成一个庞大的网络体系。如山西太谷的曹家，有 640 多个商号，13 种行业，比如有账庄砺金德、用通五、三晋川、宝泉聚、锦元懋等，钱庄有振元博、锦泉汇、誉庆和、丰冶通、锦丰焕、富生俊、义太长、咸元会、锦隆德等 10 家，典当行有锦丰庆、锦丰典、宝丰萃、宝丰当等，另外还有绸缎、百货、茶叶、粮油、棉花等商号数百家。② 还有后来出现的山西票号，也是通过建立总分号联号制强化异地管理的。而且这样的例子不胜枚举，大多数票号都是用总分号制，绝不止零星几家机构。票号通过总分号之间资金的灵活调度，“酌盈济虚，抽疲转快”，提高了其抵御风险的能力。

第三，金融业逐渐成为晋商主业。

晋商经过长期的商业实践和积累，积聚了大量的财富，这些财富的使用、管理、调拨就成为晋商经营中首当其冲的难题，而且在经营过程中，商人自然发现了钱能生钱的道理，于是逐渐转为商业金融的混合经营，以及典当、账庄、银钱号等金融业的专营。专营局面出现后，形成了一股风潮。以徽商为例，万历年间河南有徽商的典铺 213 家，明末仅汪氏一家在北京的当铺数十处，明末南京的当铺达 500 多家。③ 清代，山西商人的势力更强，山西灵石县杨氏巨族，在京师开设当铺七十余所，京中人呼之“当杨”。又据《晋商

① 魏宗禹，晋阳人文精神［M］. 太原：山西古籍出版社，2003.

② 孔祥毅文集，卷八之明清金融革命及其货币商人［A］. 北京：经济出版社，2016.

③ 叶世昌，中国金融史［M］. 北京：中国金融出版社，2002：473.

盛衰记》记载，“清乾嘉年间，晋商在长江各埠设典当四五百家”，而且实力雄厚，乾隆二年山西巡抚查得在山西当商处的存款利息就够“通省惠兵”之用。[①] 清代的乾隆年间，仅山西省的当铺最多达 4695 家，按全省 98 个州县，每县平均 47 家，而且各县差别很大。[②] 此外清代康熙、乾隆年间，江苏、直隶、山东等都是当铺发达之地。[③]

而且，社会上非现金清偿格局逐步确立。明末清初时期，票据流通已经逐渐普及，由于商业流通的加快，晋商创造了很多金融信用工具，来替代笨重的现银，如明末很多地区已经使用会票，替代现银支付。到了清初，票据代银的工具不断创新，市场流通逐渐增强，但总体来说是一时一需的产物，不能延续长久。例如市场上流行的有相当于现代本票的“凭帖”，有相当于现代支票的“兑帖”，有相当于现代银行汇票的“上帖”，有相当于现代商业汇票的“上票”，有相当于现代融通票据的“壶瓶帖”，有相当于现代远期汇票的“期帖”，有用于小额汇款的“兑条”等等。清代前期，金融机构已经开始尝试为商户办理债权债务的非现金清偿。据《绥远通志稿》“大宗过付，有拨兑一法……”当时的银两转账称为“拨普银”，铜钱的转账称为“拨兑钱”。金融机构内部的结算往往采用一定时期内的汇差，叫做“我欠人”“人欠我”，通通以“月清年结”由全号实行统一核算；各金融机构之间则通过定期“定卯”相互冲销，差额按照“标期”在“过标”时结清。

3.2 明清山西金融业发展状况

3.2.1 金融机构的发展

（1）印局和账局

印局、账局（账庄）的一度活跃。根据孔祥毅先生的研究，[④]印局、账局、账庄是明清商业发展的产物，产生于明而壮大于清。印局的性质是明清时期服务于城市贫民的专业小额信用贷款机构，咸丰三年的一封奏折中说，“京

① 清高宗实录［M］. 卷一：57.

② 黄鉴辉，中国典当业史［M］. 太原：山西人民出版社，2006：25.

③ 黄鉴晖，中国典当业史家数统计表［M］. 太原：山西人民出版社，2006：24.

④ 孔祥毅，金融史话［J］. 中国金融，2010（12），（15），（18）.

师地方，五方杂处，商贾云集……军民偶有匮乏日用以资接济，全赖印局的周转……”[①] 可见在当时是市民社会不可缺少的金融机构。源于“放京债”的账局，原本是一种信用借贷形式，后演变为放贷取息的金融机构。清代中期发展成为京城“银钱所以不穷，尤籍账局为接济”[②] 的重要金融机构，据统计 1853 年仅北京的账局多达 268 家。

（2）票号

随着商品经济的进一步发展及工商业生产和活动的扩大，工商业自有资本和所需的经营资本之间不平衡的矛盾逐渐突出，从而引起商业信用的产生和发展，进而引起信用工具和金融机构的创新发展。一场金融革命同时发生了。[③] 山西最早的金融机构是典当，随着晋商商业的发展兴盛，山西典当业也得到了迅速发展。到清代时，全国所设当铺“江以北皆晋人，曰晋商”。[④] 山西典当业虽然逐渐遍布全国城市集镇以至农村，但是这远远满足不了商品经济发展对金融的需要，印局和账局等金融机构应运而生。印局是办理短期小额信用放贷的金融机构，是“晋人放债之名目”，“所有大小铺户及军民人等，俱向其借用钱文”，而“军民偶有匮乏日用以资接济，是全赖印局的周转，实为不可少之事。”[⑤] 账局是从事放款的金融机构，服务对象主要是工商业商人。“都中设立账局者山西商人最伙，子母相权，旋收旋放，各行铺户藉此为贸易之资”。1853 年，北京 268 家账局中，山西商人开设的账局有 210 家。而山西商人携资回籍，则导致“各行商贾无所通挪，遂不得已而闭肆”。[⑥]

虽然印局和账局等金融机构的产生，一定程度上缓和了商业信用和工商业资本需求之间的矛盾，但仍不能满足商业发展对金融的进一步需求，尤其是随着大宗商品长距离贸易的发展，信用工具不足显得相对更加突出，这时山西银行业——票号应运而生，不但促进了山西商业的进一步发展，而且还促使山西商人由物贸商人向货币商人转变。

---

① 山西财经大学、人民银行山西分行，山西票号史资料［M］. 山西人民出版社，1990：8.

② 祁寯藻语 .

③ 孔祥毅，明清中国金融革命及其货币商人”之一，明清中国金融革命的背景与标志［J］. 金融博览，2009（2）.

④ 李燧，李宏龄，晋游日记［M］. 太原：山西人民出版社，1989.

⑤ 山西财经大学晋商研究院编［M］. 晋商与中国商业文明，北京：经济管理出版社，2008：140.

⑥ 清档，翰林院侍读学士宝钧［Z］. 咸丰三年三月十四日奏折 .

山西票号开展的存贷款、汇兑业务也就是近代银行业的三大传统业务，天津新茂盛银行开办之时就明确宣布“专做仕商汇款、存款、押款、借款，利息格外公道，其余一切往来俱与票号相同"。[①] 山西票号直接为近代银行业的发展提供了宝贵的借鉴经验。首先晋商的“诚信为本，以义制利”的经营理念和精神直接为近代银行业的发展提供了宝贵的精神财富，这同样是银行业发展的制度约束机制——信用的社会认可性问题。其次，山西票号直接为近代银行业的发展提供了技术层面和制度层面的借鉴意义，如密押制度、汇差贴现制度、认票不认人制度、汇兑和存贷款相结合的操作方法等。1909 年成立的云兴银行章程规定：“云兴银行拟仿照票号印刷各种凭票、汇票。汇票用三联式，由总行印发分行，以归划一，而杜假冒。”还规定，“总行、分行，所用各种凭票、汇票，应照票号成规，认票不认人”。[②]

山西票号还为近代银行业提供了大量的经营管理人才。山西票号在经营发展过程中，培养和造就了一大批的人才。中国通商银行的创始人盛宣怀就明确规定“内地各省会用晋人为总管”，他曾在一封信函中说道，“阁下速将函中所言之平遥巨手，代为延定”，“如此人不能来，弟亦决定用西帮，但访求殊不易得。公于都中各西号都熟识，望再费神代为切而求之”[③]。同时，山西票号在人才选拔、培养和造就管理方面，也为中国近代银行的开办和发展提供了宝贵的经验。

（3）银号和钱庄

银号和钱庄产生时间大约在明代，由钱铺发展而来，是钱铺规模扩大后的产物，所以有加入公所者称为钱庄，未加入者称为钱铺的区分。关于钱庄和银号的关系也有必要作一说明。由于钱庄和银号业务基本相同，一般认为这两种金融机构没有区别，民间有一种“南钱北银”的说法，即南方称钱庄，北方多称银号，如上海钱庄、京津银号，[④] 也有一种意见把规模较大的钱庄称为银号。[⑤]

钱庄的功能变化主要体现在业务方面。钱庄业务最初以货币兑换为主，

---

① 大公报［J］.1904-11-28.

② 黄鉴晖，山西票号史料（修订本）［M］. 太原：山西经济出版社，2002.

③ 同上 .

④ 孔祥毅，中国银行业的先驱：钱铺钱庄银号［J］. 中国金融，2010，（12）：92.

⑤ 彭信威，中国货币史［M］. 上海：上海人民出版社，2007：708.

所以也叫兑换钱庄或兑庄，兑换自然附带评定金银的成色和重量。银钱兑换业务，相当于政府不作为给金融机构带来的固定租金收入，所以，银炉、银号、钱庄，以至后来的票号都十分看重这一业务，但事实上，这一业务曾长期被钱庄控制。《皇朝文献通考》对此有过评价："兑换之柄，操之于钱铺之手，而官不司其事，故奸商得任意高昂，以图厚利。"①

为消除一般等价物——货币的鉴定衡量权被私人控制而带来的负面影响，清代许多货币流通量大的商埠都设立了公估局，负责对银炉熔铸的银两重量和成色进行鉴定衡量，以维护市场交易的标准。有的公估局由政府设立，最初只是为税收中的银两提供鉴定服务，后业务扩大至本地商品交易中的银两鉴定，也有公估局是由当地商人自设，但须得到当地政府的批准和当地银钱公会的认可。清代公估局的数量较少，一般一地以一局为限，个别商品流通较大的地方设有两局，但仍属于原来公估局的分设机构。

在资本有剩余时，钱庄也做放款生意，虽开始数目较小、期限较短，但通过借钱还银或借银还钱的盘削，利润还是比较可观的。但主要放款业务到乾隆年间仍以典当商为主，如乾隆时庐州知府祝忻令当商减息，商人抗拒不从，祝即扬言将从江苏各银号支借数百万两银子为资本，开典当竞争，当商只好听从减利。②

（4）当铺

典当一直是中国社会产生较早，社会经济发展较为依赖的一类金融机构，典当业发端于南北朝的寺庙典当，时至唐代，典当从寺院经济发展至民间市井，出现了很多"柜坊""质举"，而到了宋代典当业逐步扩大，发展到皇当、官当、寺当、私当等形式。明清时，由于白银货币化程度的提高，典当也开始大量使用白银做交易，典当的规模、数量均大为增加③，远超前代，发展至极度繁荣的程度。明清两代，典当业异常兴盛，清人李燧在《晋游日记》中说："全国之典肆，江以南皆徽人，曰徽商；江以北皆晋人，曰晋商"。以徽商为例，万历年间河南有徽商的典铺 213 家，明末仅汪氏一家在北京的当铺数十处，明末南京的当铺达 500 多家。④ 到了清代，山西商人的势力更强，

① 山西票号史料编写组，山西票号史料（增订本）[M]. 太原：山西经济出版社，2002：7.

② 孔祥毅，中国银行业的先驱：钱铺钱庄银号 [M]. 中国金融，2010,（12）：92.

③ 见上文 3.2.2 典当业.

④ 叶世昌，中国金融史 [M]. 中国金融出版社，2002：473.

山西灵石县杨氏巨族，在京师开设当铺七十余所，京中人呼之当杨。又据《晋商盛衰记》记载，“清乾嘉年间，晋商在长江各埠设典当四五百家”，而且实力雄厚，乾隆二年山西巡抚查得在山西当商处的存款利息就够“通省惠兵”之用。[①]清代的乾隆年间，仅山西省的当铺最多达4695家，按全省98个州县，全县平均47家，而且各县差别很大。

（5）外国银行和中国近代银行

19世纪50年代，丽如银行最早在华设立机构，19世纪60年代国际汇兑成为外资银行的主要利润来源。在19世纪末，存款成为丽如银行、汇丰银行等外资银行主要业务之前，外资银行通过发行银行券也就是发钞来扩展业务和扩大影响。以汇丰银行为例，汇丰银行于1865年3月成立，4月就开始在香港发行钞票，1866年开始在中国内地发钞，到19世纪80年代中期，汇丰银行发行的银元券约有60万~70万元。票面除明确发行银行、发行的地名如上海、天津、北京、汉口等，还加印“北京支取”“烟台支取”等等，可以说是一种异地兑现的银行券。但到20世纪初，德、日、俄、法、比、荷等国银行相继在华开立，开始大肆发行无准备的银行券即纸币，纸币发行额与日俱增，且外国银行、中资银行、官商银行、传统钱庄票号彼此之间对市场的竞争加剧，纸币、钱票等搅乱市场。

中国近代银行是19世纪中后期，在国家主权不保、外国势力入侵条件下，清政府被动改革的产物。首先是西方货币体制对国内的冲击，当西方主要资本主义国家渐次进入金本位制度后，中国以及少有几个国家实行银本位制，造成白银外流，从而导致币制危机。其次，外国银行入驻国内已有年头，垄断了国际汇兑、发钞等金融业务，大肆侵夺中国金融主权。二是19世纪八九十年代，中国金融业务中尚有官款汇兑、官款存放，海关银汇缴等几项业务，外国银行尚未染指。中日甲午战争之后到1897年，经过清廷重臣盛宣怀、翁同龢的积极筹划，并在李鸿章、王文韶的帮助斡旋下，1897年5月，第一家中国官办银行——中国通商银行在上海正式开业。业务特权主要是存官款、发钞、铸钱和汇兑公款等。

中国通商银行虽属官办，但官方企业招商局、电报局所占资本仅占43%，其余是私人投资，主要是官僚和商人投资所占57%。中国通商银行先后在北

① 《清高宗实》卷1：57.

京、汉口、烟台设立分行，经营规模有所扩大。1905 年，清政府的大清户部银行成立，强化了官办银行地位，至辛亥革命前夕，大清户部银行在杭州、开封、太原、福州、长春、广州、芜湖、长沙、西安、江宁等地设立分行，存款额最高时达 5000 万 ~ 6000 万两，是通商银行规模的三四十倍，发挥了大银行作用。1907 年还成立了交通银行，该行在北京、上海、天津、汉口、厦门等 23 个城市设立分支机构，并享有交通款项经营权。

3.2.2 金融信用工具及金融业务的发展

（1）信用工具的发展变革

明清时期，国内长途贸易和海外贸易已十分普遍和发达，新式金融业务、金融机构不断涌现，构成一张规模宏大的金融网络，到清代中期，当铺、钱庄、账局、票号之间呈现既互为补充又彼此竞争的关系。由于金融活动的增多，金融机构与商业机构、金融机构与金融机构之间、金融机构的总分号之间的业务联系势必加强，而这些正是金融信用发挥作用的舞台。

一是汇票广为流行。金融信用工具的创新和使用，其中以明末出现的会票是最为重要的工具之一。会票实际上是汇票的传统称谓，古人对会票的概念的总结大致有“会票若券者”、“飞钱之遗意”①、“俱有现钱，远难赍致，以交、会通之，纳钱于此而取钱于彼耳。”② 几个说法，提及简便易行、异地汇兑、信用如纸币几层意思。王雪农、刘建民等（1991）指出“汇兑是取汇票的方式，明末叫会票，即在一地的官肆中付款，取得‘会票若券者’，到目的地后，向其联号取款。”③ 钱票和银票也产生于明末，乾隆时期已经很普遍，它们是由钱铺、钱号、当铺等机构签发，一般用作取款的凭证。汇票、钱票、银票在一定范围的流通，促进了商品经济的发展，使“治钱庄生意伙买卖豆、麦、花、布，皆凭银票往来，或到期转换，或收划银钱”。④ 显然，汇票、银钱票等金融信用工具一定程度充当了交易的媒介，加快了货币的流通速度，使笨重凝固的固体货币——白银，变得更加便于交易、携带、支付。

金融信用朝着更加有利于金融业务的开展和便利生活的方向发展，如

① 明·陆世仪，论钱币［M］. 载自《皇朝经世文编》卷五二.
② 明·钱炳镫［M］. 田间文集，卷七，钱钞议.
③ 王雪农 刘建民 达津，中国山西民间票帖［J］. 中国钱币 1991，1，（总 64）.
④ 李光庭，乡言解颐［M］. 卷四.

在汇票使用的基础上，山西票号因地制宜还发明了顺汇和逆汇，这实质上是汇兑与存款业务的结合。顺汇是一地收款，另一地分号付款，逆汇是某地分号先付款，后另一地分号后收款，期间票号要同时收取利息和汇费。时人用“酌盈济虚，抽疲转快”来形容这项业务的迅捷方便。金融信用票据不仅从明末到清代时期在全国范围内广泛通行，地方性的票据尤其在“道咸同光”时期，五花八门，种类多样。这与当时金融机构规模较小，分支机构和业务往来就近的状况关系密切。从清代乾隆到道光时期的一段时间，华北和西北各省如山西、陕西、直隶、山东等省，以及京城、江苏等地，钱票的使用甚至与纹银、洋钱并用，可见其广泛通行的程度。

二是朝廷信用票据大发展。宋代在对盐、茶、铁、酒、矾、香药、犀象等商品进行专卖时，采用了盐引、茶引的信用票据方式，这些信用票据本身没有价值，却需要商人用金钱布帛进行交换，客观上增加了朝廷的财政收入。明清时期，政府信用取得了较大程度发展，首先表现在民间同行的“会票”支持朝廷事务，如清代票号汇兑促进了京师银号捐项上兑业务，其实就是朝廷公开收取捐生的钱财，不过钱财的形式不是现银，而是随时可以兑现的票号会票。金融信用工具的发展，甚至还为政府干预市场和弥补财政赤字提供了手段。太平天国起义时，清朝政府迫于财政压力还设立官银钱号发行“京钱票”，这是一种不兑现的汇票或纸币，实质上是清朝政府随意扩大货币发行，以供财政透支之用的结果。清代的银号还曾发展到签发银两凭条和代办捐纳入库银两及领照业务，帮助清政府加重对商人和底层人民的剥削，这也一直延续至清末。

三是地方性信用票据大发展。与官方信用票据发展相对而言的是地方性金融信用的发展。地方性的票帖在促进地方工商业发展上同样有积极的意义，是近代金融史上不能不提及的重要的金融信用工具。清代中期，在中原的山西、安徽、河北等地，流行的民间票帖主要有凭帖、兑帖、上帖等。凭帖系本铺出兑之票，也就是本钱铺发行的，又由本钱铺负责随时兑现的信用票据。上面经常写有“认票不认人”、“不挂失票”字样。兑帖是一个铺子出票，另一个铺子兑钱，是一种由出、兑两方负责任的信用票据，出票、兑票的单位往往是分号与总号或者联号分支号之间的关系。帖面上往往写有“面生讨保”、“自寻保人”或“讨保附钱”的字样，其商业汇票的性质表现得比较明确。上帖有当铺上给钱铺和钱铺上给钱铺两种。像兑帖一样是另一方给与对付的信用票据。还有一种壶瓶帖，是一种更加民间化的信用票据，往往没有正式的文本、版式，类似于今天的白条，一般是工商业店铺资金缺乏时周转之用而开据的。此外还有拨兑钱帖，是清代中后期山西钱业兑拨、谱银、客钱、订卯的金融业务活动中产生出来的一种有价的、并可以流通的金融票帖。①这种拨兑实际上类似今天银行业的票据交换，当时小额交易用钱，大额交易用银，当铺、票号或钱商的支付数额达到一定金额和规模以后，需要拨账以进行资金周转，周转的银两称为“谱银”，实际上是一种记账银两，然后各金融机构齐聚“宝丰社”②进行轧差过拨，也就是“订卯”，而拨兑钱帖就是持有前去兑款的凭证，由于可以兑钱，因此拨兑钱帖也具有一定的流动性。

（2）金融业务的发展和业务网络的构成

明清以来，一直到辛亥革命之前，国内各种金融机构之间也形成了经营上相互扶持、相与为业的惯例，通过业务、地域、经营关系等方面的分工合作，形成了服务全社会的一张金融网络，自发构建起一个金融市场平台，通过此平台进行资金周转、拆借、贴现，各种各类银票、钱铺、会票、纸币、借据通过这个平台兑换流通、交易结算。当然这个网络并不是一个完全平行的关系，是随着各种金融机构和金融业务的发展、消亡过程不断动态变化的过程。

第一，票号与钱庄的关系。

票号因为汇兑起家，起家的基础是具有相当规模、且有异地分支机构的的商业资本，因此资本实力比较巨大，而钱庄通常资本规模小，分布广，业务灵活、投机性也很强。19 世纪中叶以后钱庄和票号的职能都发生了一定变化，钱庄与外国洋行之间建立了清算关系，随后又与外国银行建立起资金拆借关系。③票号则加强了与清政府的联系，代办政府捐纳、代理国库、关税汇缴、汇兑饷银等。票号和钱庄虽一个汇兑，一个做银钱买卖，但时常发生联系的时候，通常情况下是钱庄依赖票号的资助以供周转，票号则一定程度依靠钱庄存放和兑换银钱。在清算业务上，票号和钱庄都经营汇兑业务，票号一般依靠其遍及全国的分支机构，实行统一汇兑和轧差结算。钱庄一业务活

① 刘建民等，中国山西民间票贴系列之三［J］. 中国钱币 1999：3.

② 清代归化城有宝丰社［M］.“银钱两业遂占全市之重心，而操其计盈，总握齐权，为百业周转之枢纽者”.

③ 张国辉，晚清钱庄和票号研究［M］. 北京：社会科学文献出版社，2007：60—65.

动范围仅限于一个城市及附近地区，在进行异地资金汇兑时，依靠同业间的业务往来关系办理。[①] 在社会出现金融危机之时，钱庄和票号之间是互为表里，同舟共济的关系。孔祥毅先生（2000）指出：比较票号和钱庄的业务经营特征，可以看出，钱庄在吸收存款和发放贷款上都面临着巨大的压力。钱庄的资金来源主要依赖票号的放款和外国银行的拆款，票号放款虽称为“放长期”，但只要需要，票号可以随时提取，外国银行的拆款也有这一特征，这使得钱庄面临着较大的流动性风险。[②] 票号、钱庄总体上分工明确，但随着业务的发展钱庄对票号的依赖逐渐加深，钱庄则因具备规模小巧、运行灵活的特点而更易生存。

第二，票号、钱庄与中国近代银行的关系。

19 世纪末 20 世纪初，国内环境急剧变化，国内钱庄由小到大，地位逐渐突出，官商银行也开始兴起，同时外商银行也大量涌入，对山西票号构成激烈竞争。然而票号对中国近代银行影响是巨大的，所起的作用主要有为新设银行集股创造条件，票号的存放款和汇兑贴现业务为银行提供了经验，为其提供了经营人才三个方面。对于全国和各省官商银行，票号有时采用直接入股和注资，有时提供内部经营管理的人才和经验参与银行设立和经营，在后来的经营运作中，票号还与这些银行发生着业务上的往来。票号在经历改组不成功之后，许多有志之士便参与到组建新银行的潮流中。光绪三十四年，天成亨经理贾辅臣、霍克谦承办四川睿川源银号；宣统元年，日昇昌经理王靖夫和蔚盛长经理范元茂承办广西银行。[③] 就拿官商银行第一家“中国通商银行”来说，“源丰润票号股东严信厚，为中国通商银行一总董，参与草拟章程和发起组织通商银行”。[④] 于 1908 年成立的交通银行，资本 500 万两，在天津、上海、广州、张家口、营口、开封、香港八处设立分支机构，而总经理为陈薰，就是源丰润票号的前经理。以票号借款入股的例子也有：天津志成银号组建之初，50 万两资本银中曾“借贷票庄银十万两”，[⑤] 才凑齐申报。官商银行由于借助政府的支持，是官僚资本与金融资本的融合，具有政治优势，业

---

① 王爱民．论票号与钱庄在中国近代资金清算中之作经济问题［J］.1998（3）.

② 孔祥毅．1883 年金融危机中的钱庄与票号（下）［M］. 山西财经大学学报，2000，22（4）：8.

③ 范椿年．山西票号之组织沿革［J］. 中央银行月报，1925，4（1）：1.

④ 申报 1897 年 3 月 3 日公议中国银行大概章程［Z］.

⑤ 天津市面要议［J］. 中外日报，1903-10-09.

务得以快速发展，与票号的业务往来增加，而票号逐渐丧失了有利地位。宣统元年（1909 年），银行、票号、钱庄、炉房放在官商银行之一交通银行的存款有 544, 467 两，光绪三十三年和三十四年湖北官钱局的票号存款分别为 70 万两和 64 万两，占其存款总额的 39% 和 44%。

钱庄业为本国银行业输送了不少人才。官商银行和民族资本银行成立之初，很多有钱庄、票号背景的学徒、员工乃至高层经理都转而进驻新式近代银行，成为近代银行正常经营的支柱。近代银行创办时，钱庄业还提供了相当数量的创办资本。如兴业银行创办时钱庄主郑岱山贡献了 1% 的资本。四明商业储蓄银行开办时与钱庄有关的资本合计 5.5 万两，约占总资本的 11%。金城银行成立时也有天津中和、兆丰、德源、森源益多家钱庄资本。在业务上，钱庄与中国近代银行的关系也并非完全的竞争关系，如中国通商银行在开办初期拆票给地方钱庄生息，最高时，1897 年 5 月—7 月中国通商银行将可用资金全部拆给上海钱庄。同年 11 月，当时的董事在致盛宣怀的函中谈到拆票一事，言称上海总行拆借给钱庄白银，总额达280万两，“市上得此巨款，众情欣喜。而总行得此厚息，春夏之抱耗均可弥补”。①

第三，票号、钱庄及中国近代银行与外国洋行、银行的关系。

官商银行也对外国金融机构，如外国洋行进行放款。如通商银行上海分行对外国洋行的放款，在 1900 年、1901 年和 1905 年对洋行的贷款都在 100 万两以上。②这是因为，外国洋行长期经销中国产的各种商品进行进出口贸易，作为工商企业需要本地金融机构的支持。钱庄与外国洋行，发生关系主要体现在 19 世纪 40—60 年代，外国洋行大量利用钱庄庄票信誉，完成工商业交易。19 世纪 50 年代末，上海沙逊洋行在大量收购黄金时，就常用当地大钱庄的庄票来支付金价。之后到 19 世纪六七十年代，钱庄与洋行间存在某种贷放关系，但并不十分明确。③钱庄与外国银行之间不仅通过庄票联系，还通过“拆票”发生联系。所谓“拆票”即一种短期放款，一经通知就要立即归还。钱庄利用拆票的机会，增强了经营周转能力，外国银行则扩充了资本，为日后操纵钱庄进而控制金融市场打开了方便之门。

---

① 中国通商银行档案，1897 年 11 月 30 日，转自李一翔，近代中国银行与钱庄关系研究［M］. 学林出版社，2005.

② 张国辉，中国金融通史［M］. 中国金融出版社，2003：314.

③ 高海燕，近代外国在华洋行、银行与钱庄［J］. 浙江大学学报社科版，2003（1）.

19 世纪 60 年代初，已经出现外国银行通过票据贴现对中国商人进行资金融通的记录，19 世纪 70 年代以后，外国银行对钱庄的拆借形成惯例，成为钱庄与外国银行联系的最主要特征。有史料记载，1873 年上海钱庄拆票总额已经达到 300 多万两，到 19 世纪末则超出了 1000 万两。[①]70 年代后期上海一家英文报纸说到："中国钱庄大半都用外国银行资本做生意，这是众所周知的事情。"[②]《申报》则说当时"外国银行通过拆放方式每年存入钱庄的款项达到数百万两"。[③] 对于这些拆借款，外国银行只收取月息 1 分 ~2 分的利息，而钱庄贷给工商户则以 7%~10% 的价格，从中赚取利差。因此对钱庄有描述说"缓急之间有外国银行、西帮票号为之援，挹彼注兹，殊觉便捷"，可见，外国银行、山西票号对钱庄进行贷放支持是很平常的。

3.2.3 金融发展的社会作用

（1）明清信用工具发展的社会作用

明清金融信用的发展也使得其缺陷暴露出来，社会上逐渐出现了不能足额兑换的情形，如钱票、银票的虚开和准备金不足。据记载，曾出现有这样几种情况：一种是钱铺倒闭，所发银钱票就会变成废纸；一种是广出虚票，出现"磨兑"和"不付现钱"的情形。所谓"磨兑"就是兑换的时候不全额对付，给一部分现钱或给相同金额的银钱票。磨兑的出现在银铜复本位货币制度的前提下，通过金融机构的信用发行，直接导致了银钱比价的波动。因此，道光十八年，四川总督宝兴认为当时银贵是由于"奸商低昂其价，希图多易现银"的缘故。还有一种情况是出现假票，由于银钱票形制各异，为造假诈骗提供了可乘之机。

尽管金融信用的发展有着种种不足，但仍具有十分积极的意义。一方面金融信用遵循自身发展的路径，在新的历史阶段焕发光彩；另一方面金融信用的大发展，对于明清时期银本位货币制度的建立，以及随之带来的金融发展和金融创新奠定了基础。汇票的产生预示着汇兑业的诞生，与欧洲中世纪便流行汇兑相比，中国钱庄明末时还未发展至普遍通行汇兑。但即使产生相对较晚，对中国明清金融体系的构建还是有很重的分量。

---

① 中国人民银行上海市分行编：上海钱庄史料［Z］. 上海人民出版社，1960：44—60.

② 北华捷报，1978-08-17.

③ 申报，1884-01-12.

信用工具的发展直接支持了社会工商业发展。如晋商票号的汇票，能够发挥见票即付或即日付款的功能。这一制度为工商企业提供了方便，便利了工商企业，为金融机构提供了生利途径。正如马克思对西方商业信用增长进行的评价："信用的数量和市场的价值量一起增长，信用的期限也会随着市场距离的增加延长。在这里是相互影响的。生产过程的发展促使信用扩大，而信用又引起工商业活动的增长。"①

更为重要的是在金融体系内部，信用工具的发展进一步促进了经营这种商业信用或金融信用的专营机构的发展。如当时掌管轧差清算的行会组织宝丰社，承担调剂资金、支付清算和票据交换职能，宝丰社每三日一期或五日一期进行资金的清算划拨，且每日公开各家票据的牌价，通过交换轧差出各家的盈余亏欠即谓之拨兑。由于钱市活跃，转账结算通行，全赖宝丰社"行商坐贾皆与之有密切关系，而不可须臾离者也。平日行市松紧，各商号毫无把握，遇有银钱涨落，宝丰社具有独霸行市之权"。② 宝丰社的支付结算、轧差交割等职能类似于今天的中央银行的支付服务职能，它的发展，为之后的山西票号在全国发挥支付网络功能奠定了基础。

（2）金融机构和业务发展的社会作用

一是加快了国内、国际贸易的发展。这一时期，古老的中国社会逐渐通过茶马之路、海洋丝绸之路成为亚洲乃至世界贸易圈的重要组成部分。所谓"茶马之路"，是中国北方对北亚和欧洲贸易的陆上通道，明朝中期到明朝后期，通过内蒙、新疆等北部边界，中俄贸易繁荣起来。茶马之路主要有三条路线，北线：张家口—库伦—恰克图—彼得堡；东线：张家口—多伦—海拉尔—俄国；西线：归化—甘肃—新疆塔尔巴哈台—俄国。贸易的商品中国一方以茶叶为主，包括丝绸、烟叶和其他生活用品，换取俄国和中亚的马匹、皮毛、银器等。其中尤以恰克图市场最为兴盛，据统计从1821年到1850年，中国向俄国输出的商品达800万卢布以上。③ 由于俄国禁止白银外流，则以白银粗制品弥补贸易差额。

二是加快了中国社会商品化发展进程，推动中国社会由封建小农经济向简单商品经济的发展。明代中后期，白银正式成为主要货币，专营金融机构

① 马克思，资本论［M］. 第三卷.

② 绥远通志稿［M］.

③ 孔祥毅，金融贸易史论［M］. 中国金融出版社，1998：147.

大量产生，金融业务深入社会生活，这极大地促进了社会生活的市场化、商品化、贸易化的趋势。在许多明代的文学名著中，如《三言二拍》、西游记》、《金瓶梅》，包括野史、逸史都生动地描绘了普通劳动人民使用银两购物、送礼、行赏、缴税、旅宿、沽酒等生活细节，一派欣欣向荣的市场景象。其次，商品化程度也空前提高，如有个例子，正德以前的画家只在画院里作画，由画院经营作品，正德以后，画家开始凭借自己的画作去市场上变卖，不是必须进入画院。[①]当时，明清的各类金融机构已经具备了兑换银钱、放款、存款、开发钱票、及其他附带业务的功能。[②]如根据文学作品《金瓶梅》写道，货币交换总额高达 18 万两，涉及的社会阶层上至皇上、权奸、官吏、富人，下至亲朋、家丁、小厮、商贩、僧尼、车船店脚牙，三教九流无所不包。[③]汇票、钱票、银票在一定范围的流通，促进了商品经济的发展，使“治钱庄生意伙买卖豆、麦、花、布，皆凭银票往来，或到期转换，或收划银钱”。这刺激了中国社会旧有的封建小农经济的发展和飞跃，为全球贸易化发展做出了贡献。

3.3 明清时期山西金融业的发展对经济演化转型的推动作用

这一时期金融的发展推动经济由传统的纯粹的农业经济逐步向商业经济转型演化。这一时期的金融发展包括：货币结构的演化、货币供应量的变化、金融机构的演化、金融的创新（机构、工具、业务）等。

3.3.1 货币制度的演化（白银货币化）对经济发展的促进作用

白银货币化过程与中国传统社会向近代社会转型紧密相连，具有广阔的社会意义，促进了中国历史发展三大进程，无一不与近代化相联系：

进程一：赋役折银——农民从纳粮当差到纳银不当差——从身份到契约——与土地分离、雇工人和商帮群体形成——市场化进程。

① 彭信威，中国货币史［M］. 世纪出版集团上海人民出版社，2007：488.
② 刘秋根、柴英坤，明清的钱铺、钱庄与银号［J］. 石家庄学院学报，2010，12（2）.
③ 郑铁生，金瓶梅与白银货币化［J］. 明清小说研究，2007（4）.

进程二：赋役折银——农业从单一到多元——经营权与所有权分离——农业商品化——商业化进程。

进程三：赋役折银——农村从封闭、半封闭到开放——市镇兴起——城市化进程。

以上三个进程，总括起来是一个农民、农业、农村的大分化过程，晚明社会所谓“天崩地解”的社会变迁就由此开始。

鸦片战争后，外资银行很快进入中国，并发展很快，逐步包揽了国际汇兑业务和外债业务。19 世纪 90 年代以后，各主要资本主义国家为扩大对华资本输出，在中国争设银行，外资银行在华数量增多且竞争加剧，但总体上，由于经营有方，加之享有一些特权，外资银行在中国金融业的实力和影响力不容小看，特别是对国际汇兑业务的控制一直持续到 20 世纪 50 年代。

经历一个半世纪的赋役改革，白银货币化基本奠定，迎来了新一轮的改革——以财政为中心的张居正改革。张居正作为改革家在全国颁布《清丈条例》，成为财政体系转型的根本大计，带来的结果是“一条鞭法”统一征银的水到渠成。从《万历会计录》到后来的《赋役全书》，可见明朝财政体系转型的成功。张居正改革重建的新财政体系，是从以实物和力役为主向以白银货币为主的财政体系全面转型，这是中国两千年国家财政体系的根本转型，至此开启了中国从传统国家与社会向近代国家与社会的转型。尤为重要的是，这是明代中国与世界近代化进程趋同的发展历程。

第一，日本方面。这是中国外来白银最早的重要来源。

第二，美洲白银源源不断地流向了中国，就渠道而言，存在着多条线路。美洲白银不仅从马尼拉流向中国，带动了整个东南亚贸易，也在运至塞维利亚后通过欧洲的途径运至印度果阿，再流入中国；更由后来到东方来的荷兰人、英国人直接运往中国，以换取中国的商品。即使是从美洲运到欧洲的白银，也辗转输入亚洲，大部分进入了中国，法国学者皮埃尔·肖努认为有三分之一流入中国，谢和耐认为二分之一流入了中国。日本、美洲白银矿产的大开发直接或间接推动了中国白银货币化，进而推动了商品经济的发展。

白银及其货币化是促使中国经济向商业经济转型的重要因素。法国学者布罗代尔曾说：“贵金属涉及全球，使我们登上交换的最高层。”与白银相联系，一边是生产，一边是交换。起因于白银需求的中国市场网络的延伸，主要特征就是将世界各处的白银吸纳进来。与此同时，中国商品走向世界，市场扩大到了全球范围，中国参与了全球经济体系的初步建构。

中国以白银货币化为先导的从传统经济向市场经济的转变，也即中国从古代国家与社会向近代国家与社会的转型：一是中国古代国家与社会向近代国家与社会转型的开端，另一个是全球化的开端。这使明朝成为中国史上一个令人瞩目的重要转型时期。白银货币化在明代形成与最终奠定，中国加速走向货币经济化，整个国家与社会处于转型之中，形成了晚明中国最为鲜明的时代特征。

3.3.2 白银货币化与流通数量增加推动经济增长

从货币流通量看清代前期的经济增长与波动。[①] 借用其图表，形成曲线。在这里需要说明：燕红忠先生在估计白银流通量所使用的方法有待商榷，但是，即使这些数字有出入也是同方向的误差，不会改变我们论述所需要的货币供应量变化趋势。同时，燕红忠先生关于纸币的说法也有所不妥，毕竟存在许多商铺无保证出票的情况。例如，东北盖平的五家钱铺，"原本钱仅止五六万千至二万余千不等，现在共查验五家未付在外票欠共计东钱三百八十万三千余千，以银核计六十三万八千余两"。[②] 但是，这些也不影响我们的讨论。

货币流通的变化首先是白银流通数量的变化。自 16 世纪到 19 世纪初，中国通过茶贸易与菲律宾贸易，有大量银子长期输入中国。据学者估算，1700–1830 年，中国进口银共达九千万英镑左右。[③]

货币流通另外一个变化是进口银元货币化职能的增强，也就意味着外国货币地位的提高。自明代以来，中国内地流通的银货币以纹银为主，大概在 19 世纪初，随着进口银元的增多，外国银元开始广为流传，作为一种标准化的交易媒介，银元更能满足中国商业发展的需求，所以，渐有取代纹银的趋势。[④] 尤其是在与茶丝贸易的相关地区，包括广州、浙江、江苏、福建等地，不仅银元流通的数量在增加，而且对纹银和铜钱的比价也在上升，导致银两比银元便宜，但实际重量银两要比银元多一些，这就驱使一些外国商人大量

---

① 燕红忠，清史研究［M］.2008-08-08.

② 中国近代货币史资料［M］. 第 1 辑 :124.

③ 全汉升，明清经济史研究［M］. 台北：联经出版事业公司，1987：74–75.

④ 仲伟民，茶叶与鸦片：十九世纪经济全球化中的中国［M］. 生活 . 读书 . 新知三联书店，2010：256.

收购银两运到境外，制成银元再贩回国内，从中赚取巨额差价。银元在中国某些区域的大量流通，清楚地说明清政府没有货币主权意识，这也为以后更多的西方货币信用工具进入我国开启了通道。

近十多年来关于清代经济史的实证研究，已经较为信服地证明了这一时期社会经济所取得的重大进展。① 明清时期白银的货币化与大量白银的输入，以及大商帮集团的兴起，才真正将地方性交易与远距离贸易联为一体，不仅加强了各地的经济联系与往来，而且也推动了商品经济的发展与经济增长。随着城镇的发展，商业的扩大，货币流通量也相应地增大，正统以后，白银已成为法定的普通的流通货币。它的流通量有多大，未见文献记载。据梁方仲先生统计，从洪武二十三年至成化二十二年用（1390—1486 年），白银的产量，历年累积数至少在 3000 万两以上。自万历元年至崇祯十七年（1573—1644 年）72 年中，葡萄牙、西班牙、日本各国由于贸易关系而输入中国的银元，至少在一亿元以上。这些白银除了一部分作为装饰而消费掉，或作为储藏手段埋在地下外，肯定有相当大的一部分是被投入流通领域的，自雍正以后，赋役改为征收“地丁”银，使赋役的征收进一步货币化。

3.3.3 金融机构的演化发展促进了经济转型

作为一个建立在传统耕织基础之上的农业社会统治者，清政府关注的重心在农业的稳定，对商业的态度以抑制或漠视为主，表现在货币制度上，也是以满足广大农民的基本需求为根本出发点，对制钱予以法定，而对银两自由放任，这就给社会经济发展带来许多问题，包括金融结构与经济发展的不协调，制度与金融需求的不协调。金融机构在货币制度约束下的变迁主要体现在“票据”业务的变化上，主要包括货币服务和以票代银，如钱庄对钱票的扩大经营，票号对汇票异地付现的专业经营。

1841—1860 年，期间发生了两次鸦片战争和一次国内战争，通商口岸进一步增多，国际条约执行力逐步增强，进出口贸易中的商业资金流动和信用规模进一步增大，商业金融服务功能继续扩展，钱庄、票号和外国银行在适应进出口贸易资金融通业务的过程中形成了三足鼎立的金融业格局。

从 1860 年代开始的自强运动或洋务运动，产生了近代工业，但由于这些

---

① 方行、经君健、魏金玉主编，中国经济通史［M］. 清代经济卷，经济日报出版社，2000.

工业绝大多数都由政府投资，政府金融服务功能方面，票号发挥了重要作用，但工业金融服务，主要依靠外国银行和政府投资，本国金融机构没有发挥大的作用。在不同的功能竞合与实现过程中，票号、钱庄、外国银行形成了各自的优势，并能相互补充和支持，共同推动了经济的转型发展。

3.3.4 金融变革对经济发展的先导作用

明清时期，经济发展与金融发展一方面具有同步性，同时金融的发展呈现革命性、大繁荣的景象，其革命性表现在：一是白银逐步成为本位货币，由中国古代的制钱本位制一跃而起发展至银本位制度，但同时制钱也一定范围内流通，充当日常低价值货币通道作用；二是随着银本位制的确立，专营白银货币铸造、兑换、汇兑的金融机构如雨后春笋般遍布五湖四海，有的甚至发展到海外；三是金融信用及信用工具取得较大发展，各种汇票、凭帖、票单流行于市，加快了货币和货物的流通，发挥了商品中介的作用。

通过研究明清金融史和经济史，我们不仅能够洞见政府主导下的金融体系进步，例如政府通过改革币制和金融机构从而缓解危机，间接促进经济发展的事实，同时也可以清楚地看到由于金融与经济发展的不同步，金融业对经济的阻滞和促进作用同样也发生着。这说明，政府主导并非金融先导理论的先决条件，在市场条件下，金融先导同样发挥着重要作用，只不过这个作用更多地是通过“无形的手”促进着经济发展和社会进步。下面我们就从四个方面阐述市场化金融先导在经济中是如何发挥作用的。

（1）金融要素流动对经济发展的促进

当商品经济较前代大大发展进步，商品交易十分活跃，大宗交易和日常市场交易已显著区分，传统金融机构金融业务的数量、种类大大增多的时候，新兴金融业务和信用工具蓬勃兴起。如清代中期，当铺、钱庄、账局、票号之间呈现既互为补充又彼此竞争的关系，金融机构与商业机构、金融机构与金融机构之间、金融机构的总分号之间的业务联系势必加强，而这些正是由金融信用发挥着联络中介的作用。明末出现的会票是最为重要的工具之一，会票实际上是汇票的传统称谓，古人对会票的概念的总结大致有“会票若券者”、“飞钱之遗意”[①]、“俱有现钱，远难赍致，以交、会通之，纳钱于此而取

① 明·陆世仪，论钱币［M］. 载自皇朝经世文编卷五二.

钱于彼耳。”[①] 钱票和银票也产生于明末，乾隆时期已经很普遍，它们是由钱铺、钱号、当铺等机构签发，一般用作取款的凭证。在汇票使用的基础上，山西票号因地制宜还发明了顺汇和逆汇，这实质上是汇兑与存款业务的结合。政府信用方面，首先是在民间“会票”支持朝廷事务，如清代票号汇兑促进了京师银号捐项上兑业务；太平天国起义时，清朝政府还设立官银钱号发行“京钱票”以供财政透支之用。地方性金融信用也丝毫不逊，清代中期，在中原的山西、安徽、河北等地，流行的民间票贴主要有凭帖、兑帖、上帖等，如同现代的银行本票、商业汇票等来使用。信用工具的发展直接支持了社会工商业发展，为工商企业提供了方便，为金融机构提供了生利途径。对此，马克思就对西方商业信用增长给予了极高的评价。

（2）聚集社会资金，增强金融服务，促进经济和社会的转型

鸦片战争前，同城资金流动方面，钱庄以其资本优势和工商业的近距离关系规模扩大了市场空间，银票或钱票的面额、数量都超过了典当行；异地资金流动方面，票号凭借一套完善的汇票流通体系占据了市场，由货币制度混乱导致的不协调问题在金融机构的票据创新下得到有效解决。1841—1860年，期间发生了两次鸦片战争和一次国内战争，进一步增多的通商口岸，执行力逐步增强的国际条约，进出口贸易中的商业资金流动和信用规模进一步增大，使商业金融服务功能继续扩展，钱庄、票号和外国银行在适应进出口贸易资金融通业务的过程中形成了三足鼎立的金融业格局。从1860年代开始的自强运动或洋务运动，产生了近代工业，但由于这些工业绝大多数都由政府投资，政府金融服务功能方面，票号发挥了重要作用，但工业金融服务，主要依靠外国银行和政府投资，本国金融机构没有发挥大的作用。在不同的功能竞合与实现过程中，票号、钱庄、外国银行形成了各自的优势，并能相互补充和支持，共同推动了经济的转型发展。

（3）货币流通变革刺激国内外贸易

在明代初年，政府推行纸币大明宝钞，而民间则呈现白银货币化加速趋势。在对外贸易方面，白银货币的使用直接导致了对外贸易的发展。15至18世纪，中国自产的白银严重不足，客观上需要通过全球范围的贸易满足白银需求。银本位制度与国内贸易之间也必然地存在某种互动关系，不断地通过

① 明·钱炳镫，田间文集卷七．钱钞议［M］．

金银比价、银铜比价和物价关系表现出来，最终则通过国际之间的货币货物的交易流动达到平衡。因此从广义的角度来说，15—18 世纪，白银大量从国外流入国内，既是中国社会白银货币本位制度需求的结果，同时也是扩大对外贸易，加强国际交往的必然结果，同样也符合全球经济金融体系的制度安排。以上我们已有专门的章节分析货币制度变化对经济贸易发展的刺激作用，这里就不赘述。

（4）金融资源的优化配置

明清时期金融机构，具有显著资源配置作用的机构当属宝丰社。宝丰社是当时掌管轧差清算的行会组织，承担调剂资金、支付清算和票据交换职能，宝丰社每三日一期或五日一期进行资金的清算划拨，且每日公开各家票据的牌价，通过交换轧差出各家的盈余亏欠即谓之拨兑。由于钱市活跃，转账结算通行，全赖宝丰社“行商坐贾皆与之有密切关系，而不可须臾离者也。平日行市松紧，各商号毫无把握，遇有银钱涨落，宝丰社具有独霸行市之权”。[①] 宝丰社的支付结算、轧差交割等职能类似于当今中央银行的支付服务职能，它的发展，为之后的山西票号在全国发挥支付网络功能奠定了基础。

山西票号对金融发展的重大贡献是在业务发展上以汇兑为主，继承兼营了存放款业务，从而使中国银行业的存、放、汇三大业务得以完善。在汇兑业上，票号成立之初主要办理异地商号的银两汇兑，发展至中后期汇兑范围大大扩展，上至国家财政专款，下至汇解军饷、税银、协饷、赈款等。至 19 世纪 80 年代，票号的汇兑业务使用了票汇、信汇、电汇三大方式，大大便利了工商业发展。随着票号功能的完善、规模和分支机构的扩大，在与钱庄的关系上，票号、钱庄总体上分工明确，钱庄具有规模小、运行灵活的特点，但需要紧急时借助票号周转，因此对票号的依赖逐渐加深；在与清末、民国的近代银行、官商银行的关系上，票号有时采用直接入股和注资，有时提供内部经营管理的人才和经验参与其设立和经营，在后来的经营运作中，票号还与这些银行发生着业务上的往来；在与外国洋行、银行的关系上，19 世纪 70 年代以后，外国银行和票号曾协同对钱庄进行惯例性的拆借。

---

① 绥远通志［M］.

3.4 本章小结

山西经济的演化发展，经历了从自然的农牧混合经济向商业经济的转型，商业发展的原始资本正是随着商品交易的频度、规模、范围的不断扩大和提高，半职业化、职业化的商人自然而然产生，进而商业资本也就慢慢积累了起来。

明清时期山西的商业革命所取得的成就表现为：首先，商业活动区域扩大，由区域商业扩展至跨区贸易和国际贸易，异地贩运成为最主要的贸易形式。其次，商业贸易的品类逐渐由民生用品诸如粮食、棉布、丝绸、颜料、食盐、杂货等代替了原来的奢侈品和土特产品，贸易规模不断扩大。

山西经济金融发展的历史证明，金融与经济的发展具有同步性但并不总是同步的，有时经济贸易发展超前一些金融滞后一些，有时金融出现了革命性发展的局面，实体经济发展却显得滞后了一些，但在经济发展相对滞后的阶段，金融对经济发展的先导作用就会凸显出来。

第4章　清末山西经济工业化转型初期的金融先导

4.1 清末中国经济发展概述

十三世纪开始，西方资本主义开始萌芽。工业革命是人类社会发展史上的一个巨大转折点，它使生产率开始持续提高，人类财富开始了前所未有的快速积累，人们的生活水平达到了前所未有的高度。在新航路的开辟、文艺复兴、宗教改革运动、资产阶级革命和产业革命的推动下，至洋务运动发生时，资本主义世界体系已初步形成，人类进入到一个新时期，这也是历史发展的必然。这个新时期的主要特点就是整体化和近代化，形成统一的世界市场，分散、落后的国家不可避免地纳入整体中。近代化就是资本主义代替封建专制，这是历史的必然，这也是洋务运动试图让古老的中国所走的道路。在世界整体化的趋势下，中国比较被动地被卷入。虽然当时中国没有经过长期的积累，没有经历资产阶级革命，但中国的洋务运动与世界大势是分不开的。

4.1.1 洋务运动推动中国民用工业迅速发展

经过两次鸦片战争的失败，以及太平天国的打击，清朝的一部分官员开始认识到西方坚船利炮的威力。为了解除内忧外患，实现富国强兵，以维护清朝统治，一部分人开始学习西方文化及先进的技术，他们被称为洋务派。如曾国藩、李鸿章、左宗棠以及在中枢执掌大权的恭亲王等人，他们亲眼见识了外国侵略者坚船利炮的巨大威力，感受到潜在的长远威胁。面临中国“数千年未有之变局”，他们继承了魏源等“经事派”提出的“师夷长技”的思想并极力将这种思想付诸于实践他们“师夷长技以自强”的目的，一是为了镇压太平天国，二是在中外“和局”的条件下，徐图中兴。

咸丰十年十二月初一日（1861 年 1 月 11 日），恭亲王奕欣会同桂良、文祥上奏的《通筹夷务全局酌拟章程六条》，推行了一项以富国强兵为目标的洋务运动。1861 年辛酉政变以后，与原有保守势力有冲突的慈禧登上了统治中心，为了能够坐稳统治地位，她对洋务派采取了扶植政策，洋务派登上清朝的政治舞台后，大规模引进西方先进的科学技术，兴办近代化军事工业和民用企业，中国的近代化运动迅速开展起来。

洋务运动前期，洋务派以“自强”为旗号，采用西方先进生产技术，创办了一批近代军事工业。随着军事工业的创办，洋务派认识到，强大的国防基础在于整个国家经济的发展，要求能源、钢铁等工业与之配套。同时，为了维护民族利益，也必须发展民族经济，与洋人“商战”、“争利”。于是，他们提出了求富的口号，民用工业和新式交通运输业也发展起来了。

洋务运动后期，洋务派为解决军事工业资金、燃料、运输等方面的困难，打出“求富”的旗号，兴办了一批民用工业。1872 年，李鸿章在上海建立了轮船招商局。这是洋务派创办的第一个民用企业。之后，中国近代矿业、电报业、邮政、铁路等行业相继出现，轻工业也在洋务运动期间得到大力发展。1880 年，左宗棠创办兰州机器织呢局，成为中国近代纺织工业的鼻祖。中国近代纺织业、自来水厂、发电厂、机器缫丝、轧花、造纸、印刷、制药、玻璃制造等等，都是在十九世纪七、八十年代开始建立起来的。在洋务运动的推动下，中国的民用工业得到了迅速发展，奠定了中国近代化工业的基础。

4.1.2 国外资本在中国的扩张促使近代工业企业的出现

近代工业诞生的重要原因是为国外资本在中国的扩张提供产业配套，这一点在早期的民营工业中体现得更为普遍，例如早期的制茶工业是为茶制品的出口服务，而缫丝工业是为丝的出口提供配套。因此，近代工业的出现不是本国经济系统自发产生，它是外国资本作用的结果，其最早大量产生在附属于世界资本主义的口岸地区。从近代工业产生之初，其对外国资本就有一定的依赖性。这种依赖性体现在技术设备、销售市场、组织方式等方面。但近代工业的进一步发展更使其和外国资本具有冲突的一面，而且这种冲突性的一面随着近代工业自身的发展、壮大而日渐凸显。

中国近代工业的发展依然从某种程度上为中国经济带来了繁荣和发展的可能。经济系统内商品交易规模的扩大，这集中体现在商品交易品种、数量的增加，长途贸易线路的增多和全国性市场的出现等方面，这些变化又引起资金流动的规模、方式、频率、成本等出现变化。

一方面，洋务企业采用西方技术和设备进行生产，属于近代企业。另一方面，洋务派前期创办的军事工业，经费由清政府调拨，产品分配给军队使用，管理方式是封建衙门式的。虽然这些企业采用机器生产，但本质上属于带有资本主义因素的封建官办企业。而洋务派后期创办的民用工业，投资大多采取官督商办和官商合办形式，产品主要作为商品投放市场，管理上采取劳动雇佣制，所以其本质上属于带有封建因素的资本主义性质的企业包买商。

在洋务派掀起的工业化浪潮中，中国的近代工业取得了一定的进展，创造了许多中国工业史上的第一。但是，19 世纪末的中日甲午战争无情地打碎了工业化先驱们自强求富的梦想。随后，清政府陆续发动了一系列的图强运动，对阻碍工业发展的制度进行了有限的、渐进的变革，并大力兴办工业发展所需的一些基础产业（尤其是交通运输，该时期十二三年间共修筑铁路 4300 余公里，超过了后来北洋政府和国民党政府所筑里程）①。这些基础产业对经济社会的带动、辐射作用在其后的一段时期内逐渐释放，在某些领域甚至引起了革命性的后果，尤其是近代铁路网线的建设对国内市场的开发，对资本主义的推进发挥了重要作用。

民间也兴起了工业投资的热潮。据专家测算，从 1894 年到 1913 年，民族工业投资额年增长速度达到了 15.3%，矿业资本投资额年增长速度达到了 7.9%，而工矿业相加的投资额增长速度也高达 13.6%。② 从数量上看，该期工业投资额增长较快，甚至超过了一战时期民族工业黄金时代的增长速度。但需注意工业投资额和实际上的工业产能还不完全等同，考虑到当时的技术条件和管理水平，工业的实际发展速度可能要低一些。此外，这段时期之所以工业发展速度较快，也和此前工业化水平的低下有关，许多的近代工业门类都是在这个时期从零开始的，因此其发展速度快也就不足为奇。但不论怎么说，这段时期民族工业还是经历了一个较快的增长期，许多近代著名的工业企业就是在这个阶段起步的，比如著名的荣氏企业、南洋兄弟烟草公司等等。

洋务运动开启了中国工业化之门，迎来了第一次工业发展热潮。到 1905 年工业化分期刘佛丁先生把近代经济周期（截至 1936 年）分为两个完整的周期和一个开始的周期，即 19 世纪 80 年代中期至 20 世纪 10 年代中期为第一个周期，20 世纪 10 年代中期至 30 年代中期为第二个周期，而 1936 年则是第

① 许涤新、吴承明主编，中国资本主义发展史（第二卷）[M].北京：人民出版社，1990：629.
② 许涤新、吴承明主编，中国资本主义发展史（第二卷）[M].北京：人民出版社，1990：682.

三个周期开始的起点①。

4.1.3 商品交易品种和数量的增加

吴承明先生用间接方法对鸦片战争前市场上主要商品量和商品值作过一估计，结果如下表。

表 4.1　鸦片战争前主要商品流通额

商品种类	国产商品流通额		净进口 + 净出口 –
	银（万两）	比重（%）	
粮食	13 883.3	39.71	
棉花	1 085.9	3.11	+302.5
棉布	9 455.3	27.04	+80.2
丝	1 022.0	2.92	–225.2
丝织品	1 455.0	4.16	– 已计入丝中
茶	2 708.2	7.75	–1 126.1
盐	5 352.9	15.31	
合计	34 962.6		

资料来源：本表数据来源于吴承明著《中国资本主义与国内市场》，中国社会科学出版社，1985 年，253 页。

从上表可以看出，鸦片战争前夕，我国国内市场主要商品有七种，商品流通总量约合 3.5 亿银两，流通量前三位商品中粮食约占 40%；棉布约占 27%；盐约占 15%。这些商品又可分为三类，第一类是工业品，包括棉布、丝织品和盐；第二类是粮食；第三类是经济作物，包括棉花、丝、茶，其中，丝和茶主要用于出口和销往城市，流通量所占比例约有 15%，价值约 5000 万两白银。

吴承明先生进一步总结出鸦片战争前我国市场结构的基本模式是一种以粮食为基础、以布以及盐为主要对象的小生产者之间交换的市场模式。②尽管粮食在商品流通总量中占据首位，但吴承明先生指出，在市场上起主导作用的不是粮食，而是工业品，工业品流通量才是衡量市场发达程度最重要的

① 刘佛丁主编，中国近代经济发展史［M］. 高等教育出版社，1999：108.

② 吴承明，中国资本主义与国内市场［M］. 北京：中国社会科学出版社，1985：254.

量度。明代以前，在市场上占最大量值的工业品是盐，其次是丝织、铁器等，到清代，棉布代替盐在市场上占主导地位，这是一个进步。

在鸦片战争前，市场上占主导地位的工业品是棉布。美国芝加哥大学中国研究中心 Albert 教授对此的描述是：清代棉布的种植和加工是全国范围内存在最为广泛的手工业。① 这一产品的商品率是很高的，其商品量约为 3.1 亿匹，占产量的 52.8%。特别是在棉布的集中产区，专为市场而生产、进入长距离远销的商品布占据绝对地位，估计共约四千五百万匹，与明代比，约增加一倍半。清代棉布的产区也相应扩大，包括松江布、常熟布、无锡布，统称苏松产区。另外，在北方和华中又出现几个小的集中产区，分布在直隶、山东、河南和两湖等地。②

布的流通规模的扩大，也拉动了对相关生产资料，如蓝靛、红花等染料的需求。除布以外的其他商品，到清中叶，长距离远销规模也都有所扩大。经长距离运销的粮食，包括不是真正商品的漕粮等在内，约有 54 亿斤。③ 茶市场迅速扩大，并大量出口；丝和丝织品也比明代有所发展；盐因人口剧增而增加；其它重要商品还有鸦片、烟草、豆油、豆饼、陶瓷、糖、纸、铁器、煤等，各级市场大多均有出售，流通数量相当大，形成广阔市场。④ 进出口贸易中，茶、丝和瓷器是大宗出口商品，鸦片和印度原棉是主要进口商品。茶从 1720 年开始取代丝成为中国出口价值第一的货物后，长期占据出口货物的第一位，⑤ 清中叶开始主要销往俄、英、美、法、荷、丹麦等国。据估计，1840 年茶的商品量已达 260.5 担，值银 3186.1 万两，其中出口茶价值 1126.1 万两。⑥

鸦片贸易的兴起从 18 世纪就开始了，进入 19 世纪 20 年代，由于清政府为禁烟采取的“外洋停泊”政策，反而为鸦片贸易提供了一个摆脱僵硬的广州制度的诱人途径，导致鸦片走私量大增。从 1823 年起，鸦片进口的价值长

① Albert Feuerwerker, The State and the Economy in Late Imperial China, Theory and Society, 1984（3）：305.

② 吴承明，中国资本主义与国内市场［M］. 北京：中国社会科学出版社，1985：259-260.

③ 许涤新，吴承明，中国资本主义发展史第一卷：中国资本主义的萌芽［M］. 北京：人民出版社，1985：17.

④ 吴承明，中国资本主义与国内市场［M］. 北京：中国社会科学出版社，1985：263.

⑤ 全汉升，明清经济史研究［M］. 台北：联经出版事业公司，1987：73.

⑥ 许涤新，吴承明，中国资本主义发展史第一卷：中国资本主义的萌芽［M］. 北京：人民出版社，1985：327.

期超过原棉，成为进口货物中唯一重要的商品。[①] 仅 1821 年到 1831 年的十年间，鸦片在中国的年消费量为 10114 箱，价值近 1000 万墨西哥银元。[②] 茶叶和鸦片贸易对 19 世纪的中国产生了巨大影响，正是通过这两种商品的交易，中国同西方大国联系日益紧密，并被迫卷入了西方社会主导的全球化进程之中，但最终成为列强的牺牲品，导致了中国 19 世纪的全面危机。

4.1.4 商品贸易路线的拓展

清代商运路线的扩展主要体现在水运和陆运方面，南洋沿海航线，与明代大体一致，台湾贸易则颇有发展。水运方面，内河航程约达 5 万公里，尤其长江一线贸易取得重大突破。除粮食为大宗外，川陕的木材、江汉平原的棉花、湘蜀的丝、茶以及南北土产，都汇入长江。南北贸易路线的最大进步是沿海北洋船线的开通。由上海绕山东半岛到天津，并由天津延至营口，与辽河联运。每年沙船运北方豆、麦、枣、梨等到江、浙；运布、茶、糖等南货去华北、东北，成为南北一大干线。到鸦片战争前，我国的内河航运路线，大体已具有近代的规模，内河航程在五万公里以上，沿海航线约一万公里。[③] 陆路方面，东北延伸至黑龙江流域，正北延伸到中俄边境，正西延伸到从蒙古科布多经塔城、伊犁、疏勒以至喀什米尔一带，而西藏、云南、广西各边境省份也都有许多通往内地的商品流通路线。

从主要商品的流通路线看，鸦片战争前的商路也都有所扩展。首先看粮食交易。异地粮食贸易渠道主要有两种，一种是产地—集散市场—需求地的中转贸易模式，许多粮食贸易都是通过这一途径完成的，如从重庆，或从湘潭，经汉口中转，输入江宁、常州、无锡、苏州，经仪征中转，北输扬州；从南昌，经枞阳、芜湖、枫桥中转，输入苏州、杭州等地。[④] 一种是产地—需求地的直接贸易模式。省际间比较大的粮食集散市场有四川重庆、湖北汉口、湖南湘潭、安徽枞阳、广东广州、江苏无锡、上海、河南周家口、山东临清、陕西咸阳、北方天津、归化等地。[⑤]

---

① ［美］郝延平，陈潮等译，中国近代商业革命［M］. 上海：上海人民出版社，1991：125.

② ［美］郝延平，陈潮等译，中国近代商业革命［M］. 上海：上海人民出版社，1991：129.

③ 吴承明，中国资本主义与国内市场［M］. 北京：中国社会科学出版社，1985：247-249.

④ 方行，经君健，魏金玉，中国经济通史：清代经济卷［Z］. 北京：经济日报出版社，2000：990.

⑤ 方行，经君健，魏金玉，中国经济通史：清代经济卷［Z］. 北京：经济日报出版社，2000：994-995.

正是这些不同等级、不同区域的粮食集散市场，通过水运、陆运、海运等方式，把全国内陆 18 个省区联结起来构成了一个庞大的粮食运销网。粮食贸易以外，另一种生活必需品——纺织品的交易规模也在 19 世纪初达到了一个高峰。棉麻丝及其织品在全国范围内的大量流通，产生了许多与此相关的原产地交易市场、加工市场和中转市场。棉花棉布方面，如浙江的余姚，“姚邑之北乡濒海，沿海百四十余里，皆植木棉。每至秋收，贾集如云，东通闽粤，西达吴楚，其息岁以百万计，邑民资是以生者，十之六七”。山东兖州府的郸城，“土宜木棉，贾人转鬻于江南，为市肆焉。五谷之利，不及其半矣”。①

最大的产棉区、产布区集中在长江下游三角洲的江苏吴江府、常州府、太仓州、通州等地，从这里产出的布匹向南销往广东、云南等地，向北运往山东、奉天等地，向西北经山陕商人贩往甘肃、宁夏、蒙古、青海等少数民族地区。②丝绸的生产，质优量多的只有江浙两地，从这里生产的丝绸产品销往全国大部分地区。江南丝绸沿长江向西运往江西、两湖、安徽、四川等地，向北经河南再运到陕西、山西及西北边疆，或沿运河运销至京师、直隶、山东等地。③麻的流通尽管不如棉布和丝绸广泛，但也形成一个南北市场。商品化程度方面，丝绸最高，棉布次之，大部分产品都销往市场，麻布最低，有相当一部分自给自足。④

茶的交易路线，以当时销路最好的武夷茶为例⑤，北上恰克图的砖茶贸易主要由晋商控制。关于这条茶路大致为：“武夷茶北运时，由武夷赤石启程，经过分水岭，担挑马拉，入铅山装船；顺信江下鄱阳，穿湖而过，出九江入长江；溯江抵武昌，转汉水至襄樊起岸；贯河南入山西晋城；经潞安（长治）抵平遥、大同到张家口；再由张家口启程走君台三十站，转北十四站到库伦（乌兰巴托）北行十一站到达恰克图。全程经福建、江西、湖北、河南、山西、河北等省，近五千公里。”⑥南下广州的茶道更重要。1757年，清政府关

① 傅衣凌，明清社会经济变迁论［M］. 北京：中华书局，2007：119.

② 方行，经君健，魏金玉，中国经济通史：清代经济卷［M］. 北京：经济日报出版社，2000：1005.

③ 方行，经君健，魏金玉，中国经济通史：清代经济卷［M］. 北京：经济日报出版社，2000：1013.

④ 方行，经君健，魏金玉，中国经济通史：清代经济卷［M］. 北京：经济日报出版社，2000：1019.

⑤ 英国从中国进口的货物 80% 以上为茶叶，而茶叶又以武夷茶为大宗，如 1786 年武夷茶占茶叶贸易的 48%，1805 年占 75%，1833 年占 73%.

⑥ 武夷山市志编纂委员会，武夷山市志［Z］. 北京：中国统计出版社，1994：14.

闭了江、浙、闽等省海关，在广州实行独口通商，英美等外国商人只许在广州贸易。通常，闽北茶叶汇集在赤石或星村打包，用木筏运到崇安，再由脚夫背负翻越分水关，到达江西铅山县城（河口镇）。再装船沿信江而下，穿过鄱阳湖，溯赣江而上，抵达赣州。再换小船上溯章水到南安（今大余县），再由脚夫背负翻越梅岭，到达广东南雄。在南雄装船顺浈水到韶州，再顺北江而下，经过珠江到达广州，全程约 1450 公里。直到鸦片战争，这条茶路是武夷茶的主要外销路线。

4.1.5 商品交易市场的扩大

19 世纪初，随着交通条件的改善和人口的聚集，一个由长距离贩运贸易连结而成国内市场网络已经初步形成，城乡各地的集镇城市，更如雨后春笋，到处成长，大宗商品集散地、专业性市场也初具规模。按照吴承明先生的意见，清中叶的商品交易市场可以分为四个层次。第一是地方小市场，即墟集贸易，这种市场的交换，主要是小生产者之间的品种调剂和余缺调剂，基本属于自然经济范畴内的交换。第二是城市市场，又分为两种，一种是行政或军事中心，零售商业、铺坊加工业、饮食业和服务业比较发达，具有满足城市居民消费性的特点。另一种是商业中心，随着商品流通的扩大，在沿长江、运河等商路要道上，逐渐兴起一批商业城市，如佛山、汉口这样巨大的商镇。同时，还兴起了一批县以下的手工业品产销镇市，如苏州的盛泽镇、湖州的双林镇等。第三是区域市场。第四是突破区域范围的大市场，亦可称为全国性市场。①

19 世纪初期的中国，全国性的市场轮廓初显，长途贸易的规模上文已有分析，空间结构可从经济中心及其辐射的最大商业腹地角度进行分析。这一中心应是主要贸易干线的集中地，通过这些干线连接该地区内主要城市以及覆盖边缘区的贸易网络。王业键先生认为："到 19 世纪初叶，长江三角洲在经济上有了相当蓬勃的增长，并且有了一个将其同中国其它地区联结起来的运行得很好的商业网。"② 李伯重先生也认为，在全国性市场这个体系中，江南地区因经济上最为发达而且在水运系统中处于中心地位，因此理所当然成为中

---

① 许涤新，吴承明．中国资本主义发展史第一卷：中国资本主义的萌芽［M］．北京：人民出版社，1985：12-15.

② 王业健，程麟荪译．上海钱庄的兴衰［J］．上海经济研究，1982（4）：48.

国经济的中心区域。他指出，江南地区不仅拥有全国最高的人口密度和城市化水平，而且拥有全国最大城市苏州，大城市南京、杭州以及中等城市松江、上海、湖州、常州等。由于这个地区拥有足够的消费需求和购买力，使得全国各地的商人在此都能获得规模效益，因此成为许多大宗商品长途贸易的终点，如长江中上游的粮食和木材，云南的铜，华北的棉花，东北的豆货，华南和台湾的蔗糖等等。江南地区又处于长江水系、大运河和沿海三条主要水路的交叉处，在中国水运网中也处于中心地位。随着水运的发展，上海、南京、乍浦和杭州都成为了中国内河航运和海运的重要港口。其中，上海发展最快，在鸦片战争前的一个世纪中，从一个地区港口发展成为中国最大的港口之一。①

范毅军也认为，鸦片战争前夕，全国因跨地区贸易而整合形成了三个不同发展水平的区域。第一个区域是长江下游，该地区构成核心经济区，以江南为圆心。第二个区域是那些有较高密度的运输与商业的地区，包括华北、长江中游和东南沿海。中国余下的部分，包括长江上游、云贵、岭南、东北和西北，为第三个区域，这些地区相对而言商品经济发展水平较低。②

从以上分析可以看出，鸦片战争前夕，商运路线扩展已具相当规模，国内商业城镇增多，市场层级分化明显，并出现了汉口、广州等一批超大型商品交易中心。为解决不同层次市场之间的供需矛盾，长距离贩运的商品品种持续增加，贸易量也持续增大，进出口贸易方面，除广州的对外海洋贸易外，陆地边境逐步形成了东北、西南、西北三大贸易市场。盐、茶、布、丝等长途商品经营的专业化也带来了商人资本的大规模增加，形成了一批资本雄厚的商人集团，影响较大者有山陕商人、徽州商人、闽粤海商等，这些大商人的资产在明后期大约还是50万~100万两的规模，清中叶以后，有些就以1000万两计了。③

---

① 李伯重，十九世纪初期中国全国市场：规模与空间结构［J］.浙江学刊，2010（4）：10-12.

② I- chun Fan，Long - distance trade and market integration in the Ming - Qing period 1400-1850，Ph.D.Dissertation，Stanford University，1992：296-297.

③ 许涤新，吴承明，中国资本主义发展史第一卷：中国资本主义的萌芽［M］.北京：人民出版社，1985：15.

4.2 清末中国金融发展状况及金融先导

中国人自办的第一家银行——中国通商银行，成立于 1897 年。但它并没有像社会预期的那样，在为工业资本家提供货币资本、便利经济资源配置方面大有作为，因而未能办成一家蓬勃发展的新式银行。随着中国资产阶级的形成，股份制银行在中国迅速发展起来。第一次世界大战之后，民族资本银行大量设立，银行资本成倍扩张，形成"北四行"和"南三行"共同发展的局面。银行业开始表现出比旧式钱庄、票号业更强的优势。

4.2.1 票号的繁荣

从 1824 年到 1855 年为止的 31 年时间里，票号的发展速度经历了一个先快后慢的过程。最初的十一年有日升昌、蔚泰厚、天成亨、蔚丰厚、蔚盛长、新泰厚、志成信七家票号产生，中间十年只有日新中、合盛元两家票号设立，后十年只有协和信一家设立，① 这说明虽然票号在当时符合社会发展需求，但总体市场空间有限，不能吸引更多商人加入这一行列。但从 1856 年开始到 1864 年的十年中，却有协同庆、百川通、大德兴，元丰玖、协成乾、乾盛亨、谦吉升、蔚长厚、其德昌、三晋源、存义公、巨兴源、大德玉、祥和贞、义盛长等十五家票号的建立。② 票号家数增多的同时，票号的分支机构也在扩张，国内内陆主要商业城市，如北京、天津、太原、汉口、长沙、西安、沈阳等地都已经有了票号的分支机构。期间受太平天国运动的影响，票号商业汇兑业务曾一度受挫。如咸丰十年（1860 年）十二月十八日日升昌总号在给汉口分号的信中就表示，决定撤收南京、汉口、汴梁、长沙、沙市等地分庄。③但总体而言，这一时期票号的发展速度是非常快的，主要原因在于汇兑公款业务给其带来巨大的发展空间。

孔祥毅先生认为，山西票号在 19 世纪 50 年代的迅速发展与商业贸易的发展有密切关系。19 世纪 60 年代中期开始至 90 年代，山西票号大大繁荣起来。这个时期，票号对通商口岸市场的开拓，特别是向沿海、沿江口岸的发

① 山西票号史料编写组，山西票号史料（增订本）[M]. 太原：山西经济出版社，2002：22.

② 孔祥毅，金融贸易史论 [M]. 北京：中国金融出版社，1998：112-113.

③ 山西票号史料编写组，山西票号史料（增订本）[M]. 太原：山西经济出版社，2002：48.

展，也是大繁荣的一个重要原因。因为与内贸市场相比，外贸市场的资金周转更为频繁和巨大，发展空间广阔。截至1874年，票号已经增至26家，设立票号分号的城市，也从先前的27处增加到70处左右，包括上海、杭州、福州、厦门、营口、南昌、桂林、梧州、贵阳、昆明、兰州、肃州等地，在全国初步形成了一个金融汇兑网，形成了山西票号汇通天下的盛况。光绪九年（1883年）票号家数在达到历史最高纪录30家后，有所下降，到90年代，基本保持在28家左右。① 每家票号的平均资本1893年已达20万~30万两，资本总额也从1861年的420万两增加到1893年的840万两，如果再加上官民存款、政府汇兑资金等外部融入的资金，则票号可支配的营运资金规模保守估计也在1000万两以上。② 另外，这一时期，除了山西商人创办的西帮票号区域分布范围扩大以外，国内还出现了非山西商人创办的南帮票号。票号拓展上海等口岸商业汇兑业务1840年到1864年，票号的商业汇兑业务虽有发展，但仍以内陆商埠为重心，分号所在地有京师、汉口、常德、沙市、盛京、苏州、江西、张家口、西安、三原、芜湖、济南等地。③

4.2.2 钱庄的演变

钱庄是我国传统金融业的主要组成部分，其内部分化与当地商业发展等级相一致，小钱庄可能只从事简单的货币兑换业务和借贷业务，大一些的钱庄已经开始经营商业资金的融通和结算。

一是钱庄为商人提供的资金融通工具在本埠是庄票，比一般银行本票，多数银行的钞票更具社会信用。埠际间需要动用申票（汇票）这一信用工具。申票（汇票）的使用是钱庄业务的一大进步，相当于延伸了对转口商人和进出口贸易商人的服务，促进埠际贸易繁荣的同时也为钱庄自身带来厚利。申票的使用在埠际商品流通中作用巨大，它的数量多少成为衡量一个商埠贸易是否兴盛的最重要参考，也是衡量一个钱庄业务实力的重要指标。申票流通较大的城市有汉口、天津、广州、镇江、南京、南通、扬州、宜昌、重庆等地。这一业务到了民国初期发展更加迅猛。二是“洋厘”和“银拆”的操控。

---

① 戴建兵，陈晓荣，中国货币金融史［M］. 石家庄：河北教育出版社，2006：233；张正明，张舒，晋商兴衰史［M］. 太原：山西经济出版社，2010：115 .

② 孙建华，近代中国金融发展与制度变迁［M］. 北京：中国财政经济出版社，2008：121.

③ 《山西票号史料》编写组，山西票号史料（增订本）［M］. 太原：山西经济出版社，2002：39-41.

这一业务是上海钱庄通过钱业市场操纵金融行市的重要手段，也给钱庄带来大量利益。所谓洋厘，就是用银两表示的银元大宗交易等用银两作为记账单位，用银元来支付，二者之间的折算率就叫洋厘。一般洋少厘贵，洋多厘贱。银拆，是钱庄同业互相拆借银两的利息。因洋厘和银拆的涨落受制于市场银元与银两供需，钱庄借此长期决定洋厘、银拆间的差价，把持行市以牟利。对洋厘和银拆的操控反映了钱庄的投机性。三是放款、贴现等业务。19 世纪 20 年代前，银行的许多制度刚性较强，配套机制较多，业务拓展较慢，这也给了钱庄更大的发展空间。如放款方面，早期如放款制度，钱庄是信用放款，靠的是对商品市场和商人经营情况的了解，银行是抵押贷款，对商人的吸引力不强，所以，早期银行的资金常拆款给钱庄。再如票据贴现，1917 年上海 59 家银行中只有交通银行等 6 家银行，开展“贴现”业务，远不及钱业普遍，而且一般做法都是先向钱庄贴现，然后由钱庄向银行办理转贴现。①

4.2.3 外资银行的进入与业务发展

（1）外资银行的设立与关闭

在外资银行进入中国之前，西方的一些金融业务，如国际贸易结算、资金融通等已经由从事贸易活动的洋行兼营。随着工业发展，股份公司的流行，附属于商业机构的金融活动，已不能满足新兴资产阶级扩张全球贸易的需要，拥有更强实力、更具专业服务的股份制银行成为中外贸易扩大的必然产物。鸦片战争后的 1845 年，英国人开办的股份制银行——东方银行（也称丽如银行），首先在香港和广州设立分行，两年后，上海分行开办。1851 年获得英国政府的“皇家特许状”，取得在“好望角以东任何地区建立机构，经营兑换、存款和汇划事宜”。19 世纪 50 年代，又有四家英国银行在华设立分支机构，分别是 1851 年的汇隆银行、1854 年的阿加剌银行、1854 年的有利银行和 1858 年的麦加利银行（也称渣打银行）。从 1845 年到 1858 年的 13 年中，这五家英国银行合计在中国通商口岸设立分行 13 个，其中，上海 5 个，香港、广州各 4 个。这些银行的总行都不在中国，其成立目的也是为了经营本国与中国间的外汇业务。②

---

① 洪葭管，中国金融史［M］. 成都：西南财经大学出版社，2001：248-249.

② 洪葭管，中国金融史［M］. 成都：西南财经大学出版社，2001：149.

60年代后，外资银行在中国的发展面临重大转折，包括香港及其周围的中国和日本各港口等在内的远东当地贸易和对外贸易增长迅速，对银行服务提出本地化要求，而原有外资银行却难以满足这些要求。为弥补这一不足，1865年由13家洋行发起成立于香港的汇丰银行，把为香港和上海的当地贸易服务作为自己的营业宗旨，二者之中，又以上海的业务为重。①汇丰为当地贸易服务的宗旨也可从其筹备委员会的成员组成上得到反映，这一委员会的成员基本涵盖了各国在华经营多年的商行负责人，英国人、美国人、德国人、丹麦人、犹太人和印度人等成员，具有广泛的商界代表性。由于适应形势，其开业后，发展迅速，成为19世纪后期到1949年新中国成立期间最著名的外资银行。该银行成立时资本为250万港元，1883年增资至750万元、1890年增资至1000万元；同时它还在汉口（1868年）、天津（1880年）和北京（1885年）开设了分行。

继英国汇丰之后，在中国开设银行的还有法、德、俄、日等国。截止到1894年，在中国共有8家外资银行，分支机构有16处，它们的资本总额及在华投资总额都在2000万美元以上，这些银行中的大多数都是英国银行。②需要注意的现象是，一方面有外资银行在华不断开设，另一方面，也有外资银行不断倒闭。19世纪60年代末期就有5家英国银行倒闭，1家停业，倒闭的银行中4家都是1861—1864年间设立，另外一家是已经营15年之久的汇隆银行，停业的是阿加剌银行。洋务运动期间外商在华新设的银行有16家，也就是说洋务运动时期在华设立的16家外商银行中有11家退出了中国市场，其市场退出率达68.75%，③在七八十年代就有德、俄、日四家外资银行倒闭。1845年到1911年，计有40家以上外资银行在中国设立了分支机构，但多数或倒闭或清理，到清朝灭亡时尚在继续经营的只有11家，名单为：有利、麦加利、汇丰、德华、横滨正金、华俄道胜、东方汇理、花旗、华北、荷兰和台湾。④

① ［英］柯立斯，中国人民银行金融研究所译，汇丰——香港上海银行（汇丰银行百年史）［M］．北京：中华局，1979：161.

② 杨德才，近代外国在华投资：规模与效应分析［J］．经济学，2007（3）：924.

③ 孙建华，近代中国金融发展与制度变迁［M］．北京：中国财政经济出版社，2008：97.

④ 洪葭管，中国金融史［M］．成都：西南财经大学出版社，2001：150，159，163.

（2）外资银行业务的本地化和多元化

进入 19 世纪 70 年代后，外资银行的本地化和多元化战略效果逐渐显现出来，其国际、国内业务都有较大发展，其中国内业务的扩张大都依靠买办。

一是主导国际汇兑业务。早期外资银行在华的主要业务是国际汇兑及买卖汇票。鸦片战争前，国际汇兑业务由洋行垄断。1845 年外商银行登陆中国后，通商口岸形成了洋行与外商银行共同经营外汇市场，但以洋行为主的格局，从 19 世纪 60 年代末开始，外商银行在与洋行的竞争中才逐步获得优势。1877 年，随着中外最大洋行——怡和洋行加入汇丰银行董事会，近代中国外汇市场结构终于发生了根本性变化，外商银行成为了这一市场的主导力量，业务包括外汇业务和存放款、票据贴现、转贴现等。

二是其存放款业务。洋务运动前，外资银行的业务重心是与贸易有关的汇兑业务，存放款业务进展较慢，洋务运动之后，随着国内需求的增加，外资银行的存放款业务迅速扩张。一是吸收存款和发行钞票。最初的存款业务类似现金保管服务，不仅不支付活期存款利息，甚至对每日活期存款结余还收取手续费。如丽如银行在 1850 年时规定："活期存款每半年结算一次，半年中存取款在 2000 元以下者，抽手续费 5 元，超 2500 元过者，手续费另议。"[①]到了60年代虽不再收取手续费，但仍不付给利息。80年代后，存款业务在推出为储户保密、开办"一元起存"和"一角钱储蓄制度"等积极措施后进一步扩大，其服务对象也从原先的华商拓展到普通民众和官僚权贵。[②]以汇丰为例，1865 年开业时，存款余额为 338 万港元，70 年代存款余额为 1000 万港元，1890 年后超过了 1 亿港元，30 年时间增加 30 倍，速度是很快的。

洋务运动期间，外商银行在洋务派借用外资的活动中发挥了桥梁作用，也使得它为实业直接提供贷款带有了官方贷款性质。首笔外资银行实业贷款是 1885 年汇丰银行向轮船招商局的贷款，此后，山东平度金矿、直隶开平煤矿、武昌织布局、汉阳铁政局都先后接受过外资银行的贷款。19 世纪 90 年代，中国第一家民族棉纺织厂——上海织布局成了英商汇丰、怡和两行和德国德华、泰来两行争相进取的目标。据统计，甲午战争前外商对中国近代企业贷款至少有 14 起，利用外资总金额 543 万两，其中外商银行贷款占了 9

---

① 《北华捷报》，1850-12-14.

② 孙建华. 近代中国金融发展与制度变迁［M］. 北京：中国财政经济出版社，2008：95.

起。[①]

4.2.4 官银钱号的设立与关闭

道光、咸丰年间还发生了中国金融史上的一件大事，就是政府开设官银号为资金融通提供服务，虽然后来这些机构都关闭了，但却成为官僚资本银行的先声。当然，在此之前，也出现过官钱铺、官钱局之类的官方金融组织，但其作用只限于货币兑换，调剂钱价，与作为官方信用机构而存在的官银钱号，意义不可相比。

道光末期官银钱号的设立背景与19世纪上半叶的白银外流有关，白银外流导致了19世纪30年代到40年代之间的经济紧缩，这一时期名义货币量和实际货币量分别下降了1.3亿两和1.2亿两，缩减了23%和34%，[②]史称“道光萧条”。货币供给量的急剧紧缩严重影响了社会经济的正常运转，特别是对于那些消费型城市而言，货币短缺导致商业流通不畅，百姓生活不便。为济民用，1845年1月，在道光皇帝的批准下，内务府在京师开办天元、天亨、天利、天贞及西天元等五官银号，统称“五天官号”。股本银为八万两，主要业务是对外发行银钱各票，以缓解市面银钱紧张。这些银钱票可以自由兑换银钱，民间疑惧较少，钱票得以流通。咸丰三年后清政府设立官银钱号的目的则是为了解决财政困难。户部首先在京城内外设立“四乾五宇”九个官银号（即乾豫、乾恒、乾丰、乾益、字升、宇恒、宇泰、宇丰、宇谦），主要业务是推行票钞大钱，同时也发行钱票。

政府用意很明显，通过这些机构实现宝钞、官票及大钱的流通，实际上就是推行通货膨胀政策。四乾五宇五天各官号曾大量发行钱票，最终导致所发钱票不能兑现而相继倒闭。据官方不完全的统计，截至咸丰十年为止，九个官银号所开出而未收回的京钱票已达二千三百六十万七千余贯。[③]除京师的官银钱号外，咸丰三年起，福建、陕西、浙江、甘肃、吉林等省为解决财政困难，也相继设立官银钱局，推行发钞政策，但由于官票发行过度，难以兑现，大都经营不善，没有存在多长时间就倒闭了。洋务运动期间，各地又设立了7家官银钱号，主要业务还是发行钱票，其中，只有一家经营到1911

① 孙建华，近代中国金融发展与制度变迁［M］. 北京：中国财政经济出版社，2008：105.

② 燕红忠，货币供给量、货币结构与中国经济趋势（1650–1936）［M］. 金融研究，2011（7）：60.

③ 李立侠，清代通货膨胀与官银号创设［J］. 社会科学，1983（1）：47.

年。[①]

4.2.5 新式银行

新式银行主要是政府开办的银行。1897 年中国第一家股份制银行——中国通商银行设立。从那时起至 1914 年至少设立过 36 家银行，并有 22 家先后改组或停业，到 1914 年底实存 14 家，分支机构累计 103 处。[②] 其中官办银行有大清银行（1905 年设立，原为户部银行，1908 年改为大清银行，1912 年改组为中国银行）、交通银行（1908 年）、浙江银行（1909 年）等。商办银行有中国通商银行（1897 年）、杭州浙江兴业银行（1906 年）、上海信成银行（1906 年）、四明银行（1908 年）、裕盛银行（1908 年）、天津志成银行（1903 年）、新茂银行（1904 年）、中东银行（1907 年），汉口信义银行等。这一时期虽然出现了中央银行的雏形，并有专门以发展交通、兴办实业为目的银行之设立，但事实上，各个银行的业务活动主要局限于官款借贷，与工商业的联系仍得通过钱庄进行。[③] 在经营管理上，也和传统金融机构有着不可分割的联系，表现为两个方面：一是存放汇业务大多仿照钱庄、票号的做法。如新茂银行在开业广告中有"专做仕商汇款、存款、押款、借款，利息格外公道，其余一切往来具与票庄相同"的说明[④]。二是资本来源与钱庄、票号有关。如中国通商银行总董中有票号源丰润股东严信厚，四明银行总董中有严信厚之子严义彬，并且源丰润是四明银行的具保人，天津志成银行的二十万两资本金中有十万两借自票庄。三是管理人员多数来自传统金融机构。[⑤]

1897 年，中国通商银行在成立时，盛宣怀就上书中央政府要求把全部官款存解交由通商银行办理，户部对此的批示是："凡有通商银行之处，所有各项官款及汇解京协各饷，向交商号汇兑者，如查明改交通商银行不至受亏，汇费尚可减轻，即酌交通商银行妥慎办理"。[⑥]1905 年成立的户部银行（1908 年改组为大清银行）及 1908 年成立的交通银行，更享有代理国库、收存官款的特权，过去由票号收存和承汇的官款业务大部分被国家银行揽去。

---

① 孙建华，近代中国金融发展与制度变迁［M］. 北京：中国财政经济出版社，2008：125-126.

② 王玉茹，燕红忠等，近代中国新式银行业的发展与实力变化［J］. 金融研究，2009（9）：177 .

③ 王玉茹，燕红忠等，近代中国新式银行业的发展与实力变化［J］. 金融研究，2009（9）：176.

④ 大公报 1904 年 1 月 28 日［J］.

⑤ 黄鉴晖，论我国银行业的起源及其发展的阶段性［J］. 山西财经学院学报，1982（4）：36-37.

⑥《山西票号史料》编写组，山西票号史料（增订本）［J］. 太原：山西经济出版社，2002：384.

4.3 清末山西经济开始向工业化转型

明清山西商人利润具封建化。山西商人虽然富有，但其资本投向产业却是个别现象，而且多在清末民初，并未出现商业资本向产业资本转化的大趋势，商业资本仍然停留在流通领域。

山西的近代工业发展发轫于19世纪末，到20世纪初期才开始得到快速发展，使得传统经济逐步瓦解，现代工业体系得以初步建立。山西工业化经历了“国资启动—民族资本主义—官僚资本主义”的过程，最终走向了从金融控制到产业垄断这条国家资本主义发展道路。而在官僚资本主义的控制下，山西近代工业的发展有相当大一部分还是服务于阎锡山的军事统治，因而在钢铁、机械、化学、电力、建材等方面投入了很大资本，人为地造成了山西工业不合理的结构格局，而且这种格局也在一定程度上影响到随后的经济发展。

农业经济向工业经济的转变始于商业的发展和变革，有时也被称为商业革命。“商业的扩张往往先于并决定工业的进步”，① “商业革命布下了许多最终导致工业革命的火种”。② 一般而言，商业革命至少为工业革命和工业化提供了以下条件：其一，商品和贸易在规模和结构上的改变推动了需求和市场扩张，从而为工业生产提供了市场条件；其次，商业利润的积累为工业革命和工业化提供了大量可资利用的资本，使商业资本向工业资本转化成为可能；第三，在商业利润的刺激下，越来越多的人对发明和技术革新感兴趣，从而为工业发展，为技术在工业中的应用提供了驱动力。与英国相比山西工业革命发生在清朝末年，其主要推动力量为政府及一些思想较为先进的官员，直到1930年山西工业革命的高潮阶段，其农业产值仍然占据较大比重，表明山西工业化水平仍处在初级阶段，与此同时，当时全国资本主义经济产值仅占总产值的13.37%③，与英国工业化程度无法比拟。

山西的工业革命开始于19世纪末，其发展主要归功于一些思想先进官员的支持。此时，洋务运动在山西兴起，清政府大力倡导“实业救国”，为山西

---

① 尔芒图，十八世纪产业革命［M］. 杨人、陈希秦、吴绪译. 北京：商务印刷馆，1983：67.

② 奇波拉主编，欧洲经济史［Z］. 张菁译. 北京：商务印刷馆，1988（2）：4.

③ 许涤新、吴承明主编，中国资本主义发展史第三卷［M］. 北京：人民出版社，1993：11-15.

工业化提供较为有利的条件。近代工业革命主要在太原、榆次、大同、绛州、潞安、汾阳、祁县、阳泉等地。

4.3.1 制造业

（1）太原火柴厂

1892 年胡聘之创办太原火柴厂，投入资金 2 万元，日产五色火柴 500 小筒，筒装百十根。光绪二十六年（1900 年）该火柴厂改名“晋升火柴厂”，但其经营状况一直欠佳，直至光绪二十八年（1902 年），渠本翘接手晋升火柴厂新增资本 1.3 万①，改名“双福火柴厂”，主产黄磷火柴后，其销路才逐渐旺盛，全厂职工约 100 人，日产量 4~5 箱火柴。第一次世界大战迎来火柴厂鼎盛时期，在不断发展中资产增加到 20 万元，同时还获利 40 万元。

（2）新绛纺织厂

山西纺织业萌芽始于“新绛纺织厂”，1896 年山西巡抚胡聘之曰“山西省蒲州、解州一带，素产棉花，可收纺织之利”②，于是用 60 万两创建新绛纺织厂，由于机器设备运输出现问题故此搁置，直至 1901 年宁崇金筹资 3000 白银重建新绛纺织厂，改名为“裕民纺织厂”。一战结束后，因国外产品的冲击，该厂销路不畅，停工倒闭。

（3）山西省工艺局

1898 年山西省工艺局创立，创立之初为犯人的作业所，名为“自新所”，之后发展为山西省工艺局，主要生产布匹，之后因入不敷出于 1917 年关门停顿，这是一家由山西省地方政府创办的综合性近代工业。

（4）忻县新兴针织厂

宣统元年（1909 年）忻县创办的“新兴针织厂”，该厂有工人 120 人，但并未有大的发展。

（5）印刷局

1902 年成立的印刷局，阳湖程淯创立的《晋报》，这是太原首次使用铅字印刷。1906 年成立的晋阳日报是纯商业性质的印刷厂。同年浚文书局开始用机械印刷术，开创了印刷业现代化之路，辛亥革命前，山西全省只有 7 家

---

① 山西省史志研究院编，山西通史近代卷［M］. 太原：山西人民出版社，2001：110.

② 汪敬虞，中国近代工业史资料［M］. 科学出版社，1957：607.

印刷厂。

（6）新药局

重工业首创为1884年太原巡抚张之洞创办“新药局”，该局下设枪械修理小队“由津分别调雇，谙悉样式军火武器的工匠，置带应用什物，先后来晋，以资教结而备用修整。”① 大约每周可产火药500公斤。

（7）山西商务局、太原机器局

随后1894年胡聘之上奏呈请创办山西商务局，上谕曰“总理各国事务衙门奏遵议侍郎荣惠请特设商务大臣一折。商务为富强要图，自应及时举办。前经该衙门议请于各省会设立商局，公举殷实绅商派充局董，详定章程，但能实力遵行，自必日有起色，即著各督、抚督率员绅认真讲求，妥速筹办，总期联络商情，上下一气，毋得虚应故事，并将办理情形迅速具奏等因”并获准②。光绪二十四年（1898年）清政府要求胡聘之创办太原机器局，上谕曰：“据荣禄奏，各省煤铁矿产以山西、河南、四川、湖南为最，请饬筹款设立制造局，渐次扩充，从速开办，以重军需。着就各地方情形认真筹办，总期有备无患，足以仓猝应变。”③ 随即胡筹措480两白银于1898年设立机器局，该局购地38亩，属官办工业④，生产产品主要有35马小汽车一部，大小砖床各一部，还包括翻砂、熟铁、虎钳等，直至1915年才改名为“修械所”，然而机械局从创立到结束都未有大的发展，只是山西近代工业萌芽的代表。

（8）闻喜涑川铜矿公司

这一时期创办的冶金厂主要为闻喜县于1907年山西巡抚恩寿创办的涑川铜矿公司，投资金额为36600两白银⑤，主要生产有色金属，但因生产方法太原始，该公司于四年后倒闭。

（9）太原电灯公司

电力方面之首创乃刘笃敬建的太原电灯公司，共计发电机3部，主要用于照明之用，这是山西最早的电厂。

---

① 中国科学院近代史研究所史料编辑室，洋务运动第4卷［Z］. 上海：海人民出版社，1961：4193.

② 山西省史志研究院编，山西通志第50卷［Z］. 北京：中华书局，1999：60.

③ 清德宗实录，北京：中华书局，1986.

④ 张秉权编，山西工业基本建设简况［M］. 太原：山西省地方志编纂委员会，1987：2.

⑤ 张秉权编，山西工业基本建设简况［M］. 太原：山西省地方志编纂委员会，1987：3.

4.3.2 矿业

近代矿业在这个时期也有初步萌芽和发展，据史料记载，山西地下资源丰富，明李时珍云“铁皆取矿吐炒成，秦晋淮楚湖南闽广诸山中皆产铁”，此处“晋”乃山西也，山西铁矿丰富，储量大且易开采，为山西铁矿业发展带来地理上优势。

山西煤炭开采开创者乃山西巡抚胡聘之，有史料记载“晋省煤铁之利，甲于天下，金银铜铅，亦有矿砂可寻，筹办开采情形，前已上奏。”① 奏折表明，1892 年胡发现山西矿业有巨大开发价值，从而在清政府的支持下开创山西矿业发展史。山西最早的煤矿为刘笃敬创办于 1905 年的王封山磺矿公司②。1908 年成立的山西“保晋矿务公司”是山西影响最大的矿业公司。据史料记载，“晋省创设保晋矿务总公司，并公举乡望崇高之绅士任总协理，以保利权而裕民生。惟晋省矿产之富为世所艳称，尤以煤铁两项足供世界二千年需要。然风气未开，弃之于地，识者夙惜之。职等再三再四研究，访之舆论，舍集股自办而外，别无良策。万众一词，并无异说，且群情勃勃，时来集股并不甚难。刘笃敬等请愿山西巡抚，创设全省矿务总公司，并举二品衔分省补用道渠本翘为总理。嗣奉命令同京员具呈钧部（指农工商部）。职等伏查事机危迫，不容再缓，拟速具章程若干条，呈请钧示。此事规模广大，事务亦繁，故非公正绅士，为乡人所悦服者，不能总览全局，出于应变之途。兹案渠本翘有学识，有才干，可举以总理；又，山东试用道王用霖温厚笃实，不辞烦劳，可举以协理。一若蒙许可，则任该员以责，使之尽心竭力，以尽地利，维持全局。”③ 以上史料表明建立保晋公司的艰辛，该公司投资金额约 162 万两白银④，以半机械化方式进行生产活动。在其创建过程中，胡听信其友刘鹗建议，用 200 万两白银代卖山西煤炭，导致山西矿区人民生活苦不堪言，因而引发山西轰轰烈烈的保晋运动，此次运动在清政府于 1905 年与英国签订在山西创办“山西熔化厂”后进入高潮，“当时全省学界均啧啧谓胡受义商（罗莎等）贿五十万金，以潞、泽、平、盂、平阳府等五处之煤、铁酬之，交涉甚形秘密，殆无从得其真状”，清政府为平息此事于 1908 年 2 月 2 日下

① 山西省地方志编纂委员会编，山西通志附录［Z］. 北京：中华书局，2001：74.
② 山西省史志研究院编，山西通史近代卷［Z］. 太原：山西人民出版社，1997：118.
③ 日本同文会编，中国分省全志山西省志［Z］. 太原：山西省地方志编撰委员办公室，1992：297-298.
④ 张秉权编，山西工业基本建设简况［M］. 太原：山西省地方志编纂委员会，1987：15.

谕："开缺山西巡抚胡聘之，前在巡抚任内，昏谬妄为，贻误地方，著即行革职。"[①]这场保晋运动才落下帷幕。

这一时期山西的近代采煤业主要有：光绪三十二年（1906年）刘笃敬投资开办的太原西山庆成煤窑，宣统三年刘笃敬开办的西山永泰煤窑。光绪三十三年（1907年），成立以渠本翘为总理的山西保晋矿务公司。刑部主事狄楼海于光绪三十三年创办山西平陆矿务公司。此外，太原、汾阳、大同、平定、寿阳等地也都有人投资于采煤业。许多先进之士也认识到矿业的发展得益于铁路交通设施的不断变革，"晋省煤铁富甲天下，开采煎炼，必需机器，而山路崎岖，重机难运，拟先开路略为铺平，并用活铁路运送"[②]，"筹办矿务，拟先修铁路一折。晋省煤铁各矿，运道阻滞，必须兴办铁路，方能畅销"[③]。"张之洞也认为中国矿产，煤铁以太行为最旺最精，而质最重，如果卢汉铁路修通后，再修通那里的铁路，就可以大开三晋之利源，永基中华之漏卮。"[④]之后的山西巡抚胡聘之也说道："晋省道途艰险，外商裹足，本省商富见利小而求速效。此等创办之事又多不愿附股。自非铁路先成后，商贾云集，财货充裕，筹办殊不易也。"[⑤]所以他上奏朝廷称要筹办矿务，拟先修铁路，胡在奏折中说："窃唯晋省煤铁之利甲于天下，潞、泽、平、盂等处所产最旺，而质亦最佳，诚宜及时开采以兴矿务而佐国用。臣到任后迭奉谕旨饬办，即经详加体察妥为筹议，并将派员查验矿苗，总核运费，俟确有把握再行集资试办各情形奏明在案。嗣各属呈送矿质后，经分寄津沪各厂化验。据云煤较开平，铁较大冶，均有过而无不及。其铁质之最精者，并可敌外洋红色、棕色等矿，若能仿照西法购机设厂镕铁炼钢，获利必倍。徒以太行艰险，不能运道运售。欲图畅销，非修铁路不可。业经调派工程师分赴潞安、平定等处详细测勘，据言东阳关及四天门两路皆可设法兴修？惟出境后仍须由水路运津，而直省河道浅狭，节节阻滞，所费不赀，以致迄未定议。现幸卢汉铁路不日动工，晋省只需赶筑支路，或由潞安至邯郸，或由平定至正定，与之相接即可畅行无阻。且与海军衙门核覆张之洞原奏，亦属相符。诚以铁路

---

① 清德宗实录［M］. 北京：中华书局，1986.

② 何汉威，京汉铁路初期史略［M］. 香港：香港中文大学出版社，1979.

③ 清实录山西资料汇编［Z］. 太原：山西古籍出版社，1996.

④ 山西省地方志编纂委员会编，山西通志铁路志［Z］. 北京：中华书局，1997：55.

⑤ 崔锁龙，胡聘之与山西近代工业的兴起［J］. 太原大学学报，2006年第2期.

为自强之本，必须支干相连，方能合成。西北大势，又不仅为晋省矿务计也。惟所需经费过巨，专恃本省集股，断难有成计。惟有由外省股商包办，可期迅速。现据京师皖粤各绅商情愿自行筹借洋款，由商务局呈请来晋设立公司揽办矿务、铁路，并声明所贷之款概商借商还，无庸国家作保"[①]。随后清政府下谕："晋省煤铁各矿，运道阻滞，必须兴办铁路，方能畅销，览奏设立公司，所借之款，商借商还，余利酌提归公各条，大致尚属周妥，惟创办伊始，必须预防流弊，并借款有无实在把握，请胡聘之悉心妥筹，酌定详细章程，奏明办理。"[②] 表明政府对铁路工业的支持，山西铁路发展史从此拉开帷幕。"光绪二十八年九月初二日，准军机处钞交督办铁路大臣盛宣怀，奏正定太原借款兴造铁路，另订详细合同一折。奏朱批：外交部核议具奏。单二件并发。钦此。"[③]1902 年，山西第一条铁路——正太铁路开始修筑，政府出资 4 千万法郎而建，该铁路从石家庄出发经过赛鱼、阳泉、寿阳、榆次，终点太原。正太铁路归盛宣怀筹办后，于光绪二十八年（1902 年）代表清政府向华俄道胜银行借 4000 万法郎（约合白银 1400 万两），正太铁路修筑权遂为沙俄所控制。光绪三十年（1904 年），沙俄因日俄战争而自顾不暇，便将筑路权让给了法国。正太铁路于光绪三十年（1904 年）开工修筑，并于 1907 年成功建成，但是一直为法国所有，至 1931 年才回归国有。正太铁路代表了山西铁路工业的起步。

工业革命是现代经济建立的基础和条件，现代经济不断发展进一步推进工业革命进程。而山西现代经济体系的建立也正是如此，工业革命的发生逐步瓦解了山西的封建经济体系，资本主义生产方式在山西逐渐建立，而辛亥革命的爆发从政治上转变其政治经济结构，以农业为主导的生产方式逐步转变为机器化生产方式，工业所占比重逐渐提高，现代经济体系初步建立。

① 山西省地方志编纂委员会编，山西通志附录［Z］. 北京：中华书局，2001：120-121.
② 山西省地方志编纂委员会编，山西通志附录［Z］. 北京：中华书局，2001：58.
③ 山西省地方志编纂委员会编，山西通志附录［Z］. 北京：中华书局，2001：73.

4.4 清末山西向工业化经济转型中的金融先导作用

4.4.1 清末山西金融的发展状况

清末山西金融的发展以票号的繁荣为显像。晋商创造的财富，徐珂在《清类钞》中列举山西富户十四家，加起来“三千万两银子”，相当于大清帝国一年的财政收入。

存放款业务是票号除汇兑之外的第二大收入来源，但这一时期仍是作为汇兑的连带业务进行经营，吸收存款主要目的是为汇兑提供更充足的周转资金，放款给商户或政府或钱庄是为了更好地维护与汇兑客户的关系，从而扩大汇兑业务。以上海票号的业务为例，钱庄和商人们之间有往来账户，票号则只接受定期储蓄，并向有声望的本地钱庄，有时也向达官贵人提供定期有息贷款，但其主要业务是出售汇票。存款方面，各家票号的资本大多在数十万两，但一个支店的一笔汇兑额可能就在数百万两之上，如此巨大的资金缺口，没有一个资金补充机制是无法运转的，这样，吸收存款就成为票号的业务之一。票号吸收的存款，以各省政府机构之公款及贵族显宦之积蓄为多数，公款如税款、军饷、边远各省丁漕等，私款如官场之积蓄、绅富之储蓄等，无一不存票庄之内。“每家票庄存款二三百万至八百万之多，且公款皆不要利息，私款虽有利息，不过二厘三厘，而票庄以此无利巨款，转放可得八九厘利息。”① 有存款就有放款，票号在放款时非常谨慎，对客户的信用等级要求较高，主要面向有来往、信用度高的大客户，如钱庄和大商号，70 年代后对新生的民族工矿业也提供过贷款。票号放款的特点是“虽为票号业务之一，但不甚重，故非于资金停滞，票号大都不愿放款，其放款范围，则以钱庄为多，商店及吏次之，平常人则无论如何有利，绝少允许。票号放款的期限分短期和长期两种，短期放款以一个月、两个月或三个为限，长期放款则以半年、一年为限。放款的利息并无一定，视金融状态如何，普通八厘至一分二三厘不等。”

朱英教授认为票号的业务非常广泛，“票号承担了应由银行经办的存款、放款、贴现、汇兑、发放期票、汇票及市面通用的银票等一系列业务，进入

① 山西票号史料编写组，山西票号史料（增订本）[M]. 太原：山西经济出版社，2002：746.

80 年代之后又开始把资本投向近代工业企业，可以说票号开中国银行之先河，是近代中国银行的先导”。[①]

票号业务这一时期的大发展也表现在分支机构的增多和对外来资本的吸引上。甲午战争到辛亥革命的十七年中，又有 6 家西帮票号和 3 家南帮票号成立，到 1911 年，票号家数为 26 家，遍及全国 110 多个城镇。[②]1909 年登记在册的北京票号有22家，其总分各号共358处[③]。清末极盛时期平均每家票号的资本为 20.2 万两，以 25 家（平均值）计算，这一时期的总资本额达 525 万两。[④]

票号鼎盛期开始，实质上是金融逐渐脱离生产领域、流通领域的开始，导致山西省内经济金融支持力度减弱（票号在全国范围内放款而稀释了本地的资本、其中很大一部分放款是非流通领域，如捐官）。尤其是山西票号成为实际上的清政府财政部门之后，资本进一步脱离生产和流通领域。

巨额的利润吸引了一大批山西商人投资票号，使之发展迅速。从道光初年至清末，共有 40 多家票号先后创办，其分号拓展到全国的许多通商大埠，以至“今山西钱贾……散步各省，汇票出入，处处可通”[⑤]，而票号总号则集中设在晋中地区的平遥、祁县、太古三城。大量票号在地域上的集中，带来资本和人才的集中：光绪年间，平、祁、太三帮票号综合资本为 529 万银两。光绪三十二年（1906），日升昌票号 14 家分号收交汇兑银 3222.5 万两，其总利润为 60.17 万两白银。此外，日升昌大掌柜雷履泰、蔚泰厚毛鸿翎以及各大票号的大掌柜都集中在平遥、祁县、太谷三城。资本和人力资源的集中带来票号业这一新兴金融业的产业集聚。山西商人将其聚集的资本投在金融业上，促进了票号业作为新型金融业的发展，而统一区域内众多票号在企业数量和资本实力上的迅速增长，形成了金融业的产业聚集。

洋务运动期间，票号与清政府的关系更加密切，经办了多数海防、实业、军舰、铁路等经费的汇兑业务，虽也获得了不少收益，但与外资银行为洋务事业通过发行公债来筹集借款相比，票号的筹资能力显然已经落后，这一方

① 朱英，票商兴衰史的新探索，近代史研究，1995（1）：292.

② 孔祥毅，金融贸易史论［M］. 北京：中国金融出版社，1998：77.

③ 山西票号史料编写组，山西票号史料（增订本）［M］. 太原：山西经济出版社，2002：356.

④ 燕红忠，山西票号资本与利润总量之估计［J］. 山西大学学报（哲学社会科学版），2007（6）：128.

⑤ 沈云龙，近代中国史料丛刊续编：第 79 辑［M］. 台北，文海出版社，1983.

面与票号专注汇兑的主观意识有关，另一方面，客观上也与票号资本（指企业资本，与东家财富完全是两个概念）不如外资银行雄厚和票号不能取得税款抵押的制度安排有关。19 世纪 70、80 年代票号的存放款业务总量为 23227 万两，到 20 世纪初，这一业务总量上升至 76216 万两，已成为名副其实的超大型金融机构。①

4.4.2 清末山西工业化转型的金融先导

清代货币制度的复杂性进入晚清达到了极致，从整体看，这样的货币体系中一定会带来混乱和不便，严重阻碍交易的进行，也影响储蓄向投资的转化及资本的融通。但若从某一区域的实际情况看，特别是在经济较为发达的地区，金融业务的创新已经大大化简了这种复杂性，这种创新体现在代替现银流通的各种票据发行上，而且，市场会根据信用度高低对这些票据的流通效力进行自动排列，因此，大部分区域内部的货币流通还是相当有序，能够满足交易的需求。但清代对货币制度采取自由放任的态度，导致流通中的货币种类复杂。到清末因货币发行主体的增多，货币体系更加混乱。传统的银钱种类继续在市面流通，并出现了实银与虚银并存的复杂换算，同时又有一些新的货币种类流向市面，包括各类银元、铜元、纸币及各类票据。1895 年后，货币流通的混乱局面所产生的负面累加效应也逐步扩大，主要导致市场的分割化，这种分割严重阻碍了商品在不同区域间的流通，“物价因之奇昂，商务遂以不振，贻害于国计民生”。

金融先导推动了工业革命的初始发展，金融先导的导向决定了这一时期的产业结构。由于历史的原因，近代工业化的开端选择了一种脱离市场需求的以军事工业为中心的重工业优先发展模式。但紧接着政府权威在内外环境的巨变中日趋萎缩和分散，财政汲取能力不断下降。在这样的财政状况下，逆市场的直接以重工业为切入点的工业发展路径缺乏强有力的支撑，没有了市场需求（消费需求和投资需求）的推动，其可持续发展的能力必然丧失。因此，从普遍的先轻后重的工业化路径来看，这种工业化模式形成的工业结构在当时的市场和工业技术条件下，是一种极端扭曲的畸形的工业结构市场诱导下自发调整的工业结构，受制于近代山西特殊的市场结构及经济结构的

① 燕红忠，山西票号资本与利润总量之估计［J］. 山西大学学报（哲学社会科学版），2007（6）：131.

特点，并不会自动促成一个合理、独立和不断重型化的工业产业结构的产生。近代山西的工业产业结构长期停留在以少数单一的消费品工业占主导的低级阶段，产业结构的转变过于缓慢。落后的产业结构又制约了经济的现代化，大大影响了经济的发展速度。像钱纳里认为的，结构的调整往往比总量的增加更有意义。二元制的经济结构导致近代工业的区域结构极不平衡，口岸和内陆的分离日趋严重，二者基于不同的主导产业和不同的市场条件形成口岸绝对的优势，资源向口岸流动，内陆日益丧失自我发展能力，口岸和内陆的二元性愈益突出。

4.5 本章小结

本章概述了清末中国经济发展情况，在洋务运动的推动下，中国的军事工业、民用工业和轻工业得到大力发展，奠定了中国近代化工业的基础。山西票号在 19 世纪 50 年代的迅速发展与商业贸易的发展有密切关系，这一时期，山西票号的繁荣促进了通商口岸市场的开拓，特别是向沿海、沿江口岸的发展，起到了金融先导的作用。

清末山西经济开始向工业化转型，山西近代工业发轫于 19 世纪末，到 20 世纪初期得到快速发展，现代工业体系得以初步建立。山西工业化经历了“国资启动——民族资本主义——官僚资本主义”的过程，最终走向了从金融控制到产业垄断这条国家资本主义发展道路。清末山西金融的发展以票号的繁荣为显像。金融先导推动了山西工业革命的初始发展，金融先导的导向决定了这一时期的山西经济的产业结构。可以说，金融对经济发展的推动作用有，但是不充足，并没有很好地推动产业革命和工业化。主要是金融资本逐步脱离实体经济，没有很好地融入生产、流通中，尤其没有很好地融入生产中。票号鼎盛期开始，实质上是金融逐渐脱离生产领域、流通领域的开始，导致山西省内经济金融支持力度减弱。尤其是山西票号成为实际上的清政府财政部门之后，资本进一步脱离生产、流通领域。

第 5 章　民国时期山西经济工业化转型过程中的金融先导

从1912年中华民国建立到1937年抗日战争全面爆发，中国经历了相对和平的25年。在此期间，中国近代以来最大规模的全面工业化进程启动。山西经济向工业化转型也全面展开，尤其是1933—1937年日本军入侵山西前的五年内，山西经济工业化发展最快。用110万元银元做启动资本，建成铁路1700多华里，创建包括采矿、冶金、电力、纺织、化工、机械制造等现代轻重工业企业几十家，省营企业总资产达到2亿多银元。时任山西省省长的阎锡山积极推行金融先行发展政策，为山西的全面工业化转型和经济快速发展发挥了重要作用。

5.1 民国时期中国经济向全面工业化转型发展概述

5.1.1 民国政府充分的鼓动宣传和优惠政策

（1）孙中山经济思想及社会精英的宣传鼓动

辛亥革命后，民主共和革命的胜利及革命过程对社会精英的动员大大激发了民族意识和忧患意识。这种意识在政府和许多社会精英的诱导下转化为一股近代以来最为强劲的实业救国、建国热潮。这一轮的实业建国热潮首先是南京临时政府的经济政策和措施直接诱导的结果，北京国民政府的政策法规则进一步推动了这股热潮，而各种社会精英的鼓动、宣传又对这股热潮起到了推波助澜的作用。

在这股热潮中首先必须提到的是孙中山先生。孙中山先生在南京临时政府建立时就曾经阐述其经济思想的核心——民生主义的基本内涵，他说，民生主义包括平均地权和节制资本两个方面。平均地权是解决土地问题，在土地国有的条件下使地权收益为国民享有，这是农业经济方面的思想，我们暂且不论。而关于节制资本的思想，我们先考察其思想来源。

孙中山游历欧美时，正值西方工业国在经历第二次技术革命，市场竞争格局已经不同于亚当·斯密时的自由竞争格局，工业向规模化、垄断化演进，而相关社会制度（例如福利保障制度）的演进滞后于市场的发展，资本主义私人垄断资本的弊害暴露的最为显著。孙中山对其考察后认为“欧美资本发达后，其为患于社会如此其大者，以欧美土地问题，未能于资本发达之前而先为之解决，故地主与资本家二者合二为一，如虎添翼，其横暴遂不可制止”[①]，孙中山从他的民生角度把西方国家发达的工商业私人资本和剥削性地主的土地资本相提并论，认为二者的结合是对民生的最大威胁。从这一点出发，孙中山主张应当从政治上节制私人资本，同时大力扩张国家资本。对于如何节制私人资本、扩张国家资本以及界定二者的边界问题，孙中山在 1918 年发表的重要文件《实业计划》中有过进一步的阐明，“中国实业之开发，分两路进行……凡夫事情之可以委诸个人，或其较国家经营为适宜者，应任个人为之，由国家奖励，而以法律保护之。……至其不能委诸个人及有独占性质者，应由国家经营之”。在这段文字中，孙中山将国家资本和私人资本的界限界定为能否“委诸个人”及是否具有“独占性”，将“不能委诸个人及有独占性的”界定为国家资本活动的范围，“可以委诸个人，或其较国家经营为适宜者”界定为私人资本活动的范围，而至于何者“可以委诸个人”何者不“可以委诸个人”，没有明确标准可用，这种界定含混甚多。当然，对于孙中山经济思想中关于国家资本的含糊，我们不难理解。因为他首先是一个革命政治活动家，最为关注的仍旧是政治问题，体现其经济思想的民生主义也是服务于政治目标和政治环境的，因此，在不同的环境下，关于国家资本的思考差别极大。例如孙中山还认为“大公司之出现，系经济进化之结果，非人力所能屈服。如欲救其弊，只有将一切大公司组织归诸通国人民公有之一法。故在吾国发展实业计划，拟将一概工业组成一极大公司，归诸中国人民公有”，在这段话中蕴含着对一概工业国有化改造的意思。孙中山认识到，垄断资本的到来是不可避免的，与其由私人控制，不如改造为国家资本。为了表达这种政治内涵，孙中山又说民生主义“非反对资本，反对资本家耳”。因此，孙中山的工业之路意指，制造国家资本作为工业化的主力，而私人资本只是一个次要成分。

北京国民政府成立后，孙中山把其主要精力投入到兴办实业的宣传、鼓

---

① 孙中山，孙中山全集［M］. 第五卷，中华书局 1985：196.

动中，他到处演讲、宣传，利用其个人魅力鼓动绅商各界积极投身实业。他在中华实业联合会上发表演讲时指出“余观列强致富之原，在于实业。今共和初成，兴实业实为救贫之药剂”，而“仆之宗旨，在提倡实业，实行民生主义”。展望未来时，他乐观地认为“中国处在大规模的工业发展的前夜，商业也将大规模地发展起来，再过五十年，我们将有许多上海”①。另一位实业巨子张謇也不断强调“今欲巩固民国，非振兴农工商各项实业不可”。很快，这些社会精英的思想和乐观振奋的情绪占领了当时的各大刊物，振兴实业的声势一时之间蔚为大观。正是在舆论和团体的大力动员之下，当时的中国人人皆言实业救国、实业富民，实业人士的社会地位显著提高，这为大力发展近代工商业打下了坚实的社会舆论基础，为实业活动的开展提供了良好的条件。

（2）国民政府出台的经济政策

新成立的国民政府为工业发展提供了一系列有利的政治措施。中央政府制定的各种法规包括改变垄断政策，许民自由经营，并尽保护提倡之策；确立特别保护法，实行补助和保息；裁免厘税，改良税制；统一度量衡，改革币值、提倡新式金融、改组商会；规范经济社团这七类。

南京政府在法统上自称继承革命先行者孙中山的政治经济思想，维护被北洋军阀篡夺的辛亥革命遗产。因此，其经济方面的施政理念不可避免地会受到孙中山经济思想的影响，其政策法规也都接受孙中山经济思想的指导。

另一方面，南京政府建立前及建立后的一段时期，是国际形势巨变的时期，是国外资本主义进入空前集中与垄断的时期，英美兴起国家干预主义，德意导入统制经济制度，而苏联的五年计划又不断取得成功。中国如何实现工业化，如何应对日益严峻的日本经济、军事侵略，这些因素都使统制经济论在中国学界和政界盛行一时，这种思潮和孙中山经济思想的契合点就成为南京政府制定经济政策的思想依据。

综合以上简单分析，南京政府的经济思想根源中既有保育私人工商业的内涵，更有推动国家资本主义的意蕴，这种意蕴在适宜的国内外环境中逐渐占据了工业发展的主导一面。

南方政府鼓励民营工业的发展，尤其鼓励进口替代和出口导向型工业的发展，并引导分工的深化和工业发展中的技术创新。在南京政府颁行的《工

① 孙中山，孙中山全集［M］.第二卷，中华书局，1982：326，340，341.

业奖励法》中明确鼓励四类民营工业发展，即基础工业（以期延伸迂回生产，带动其他产业发展），外销工业、新型工业（应用新技术新专利的工业）和进口替代工业。南京政府对鼓励范围内的企业还实行保育政策。例如永利化工作为一家进口替代型的纯碱制造企业曾经获得南京政府 30 年的盐税豁免，穆湘砽等创制的纺纱机构件也曾经获得过专利奖励。

（3）成立专门机构推动经济向工业化转型

“九・一八”之后，南京政府设立了建设委员会、实业部、经济委员会和资源委员会等国家经济管理机构。这些机构对经济工业化转型主要通过接管、改造北京政府遗留下的国营企业、直接投资新企业和接管、兼并民营企业来实施。作为最早办理国营事业的建设委员会，其主要经营的事业是电厂和煤矿。到 1937 年春，建设委员会以负债超过投资一倍半为由，将所办企业委托给宋子文开办的中国建设银行公司来招商经营。

实业部是由农矿部和工商部在 1930 年末合并而成，其在抗战前所办企业有三：一是中央机器制造厂，二是中国酒精厂，三是中国植物油料厂。

资源委员会是南京政府最重要的推进工业化转型的机构。在抗战前，资源委员会主要经办钨锑的对外贸易，并建立了 25 个重工业企业，并且大多在 1938 年形成生产能力。

5.1.2 民国时期中国经济经历了高速增长

史学界普遍认为在民国时期中国经济工业化转型经历了一个快速的发展时期。在第一次世界大战期间，发端于清末的中国民族工业在西方列强无暇东顾的情况下迎来了一轮快速发展的黄金时代。到 1936 年，中国工业产值达到了民国工业生产的峰值。

据美籍华裔学者张约翰先生（JohnKChang 也译为章长基）的估计，1912—1936 年期间中国工业年增长率高达 9.4%。从工业产品毛值来看，从 1912 年的 11960 万增加到了 1936 年的 122740 万，增加了 10 倍有余[①]。这个增长速度是很快的。他还列出了 15 种主要工业产品（煤、铁砂、生铁、钢、锑、铜、黄金、汞、锡、钨、棉纱、棉布、水泥、原油和电力）的指数图表（以 1933 年产值为 100），见表 5–1。

① 张仲礼主编，中国近代经济史论著选译［M］. 上海：上海社会科学院出版社，1987：311.

表 5-1　工业产品值指数表（1912—1936）

年份	产品毛值	
	1933 年（百万元）	指数 1933=100
1912	119.6	11.9
1920	404.6	40.2
1922	348.9	34.7
1928	725.6	72.1
1933	1006.3	100.0
1936	1227.4	122.0

资料来源：章长基《1912—1949 年中国的工业生产》，载于张仲礼主编《中国近代经济史论著选译》，上海社会科学院出版社 1987 年版，第 311 页。

虽然，张约翰先生所估算的十五种工业品的指数变化并不能涵盖民国时期中国工业的全貌，由此得出的数据可能会有些出入，但基本能够反映出当时经济发展总的增长趋势。

另外，从单类工业产品的角度分析。经济史学者秦晖曾对 1912—1936 年几种主要工业产品产量和基础设施年均增长率做过深入研究。见表 5-2。

表 5-2　1912-1936 年几种主要工业产品产量和基础设施年均增长率

考察内容	1912 ~ 1936 年年均增长率（%）
生铁	20.0
钢	23.0
水泥	11.6
煤	7.0
纱	9.1
布	17.5
公路里程	38.0
铁路里程	3.3
工业产值	9.4

资料来源：秦晖，中国改革前旧体制下经济发展绩效刍议，《云南大学学报（社会科学版）》，2005 年 2 期。

从宏观的社会工业资本发展角度来看，著名经济史学家吴承明先生对民国时期的工业资本总额作了估算（见表 5-3），从这些数据中可以看到当时社会工业资本的增长非常迅猛。

表 5-3　1894—1936 年中国产业资本概况

考察内容（万元）	1894 年	1911（1913、1914）年	1920 年	1936 年
工业资本总额（A）	7745	66622	106484	324001
交通运输业（B）	4410	112051	151445	230592
产业资本总额（A+B）	12155	178673	257929	554593
国内工业资本总额（C）	4954	28932	56484	178873
国内交通运输业资本总额（D）	1795	47616	68445	179796
国内产业资本总额（C+D）	6749	76548	124929	358669

注：1. 产业资本包括：国外资本、官营资本、民营资本；

2. 国内资本包括：官营资本、民营资本；

3. 国外资本为 1914 年，官僚资本为 1911 年，民营资本为 1913 年；

4. 1936 年的数据不包括东北。

资料来源：许涤新，吴承明主编：《中国资本主义发展史》第三卷，人民出版社 2003 年版，第 737、738 页。

吴承明先生对民国时期工业资本的年均增长率也进行了估算，1911—1920 年间，官营工业资本增长率是 3.44%，1913—1920 年间民营工业资本增长率则高达 11.9%；1920—1936 年间，官营工业资本增长率是 10.64%，同期的民营工业资本增长率则继续保持在 9.37%的高位。①

从以上研究数据可以看出，1911（1913）—1920 年，中国国内工业资本由 28932 万元增加到了 56484 万元，增加将近一倍，而 1920—1936 年间，国内工业资本又增加到了 178873 万元，比 1920 年增加了两倍还多，比 1911（1913）年则增加了五倍多。在 1912—1936 年这 24 年间具有代表性的 15 种主要工业产品毛值增加了将近 9.3 倍（参见表 5-1），在 1911—1936 年这 25 年间，中国工业资本总额增加了 2.1 倍（参见表 5-3），尤其是 1930 年代，官营资本（尤其是金融资本）增长开始提速。

另一方面，民营工业也以不逊于官营产业的速度继续发展，民营工业表现出色。1913 年到 1920 年间，民营工业资本平均年增长率高达 11.90%，这个数字远远高于官营工业资本和外国工业资本的增长速度。1911—1920 年间，官营工业资本年均增长率只有 3.44%，在 1913—1920 年间外国工业资本年增

① 吴承明，吴承明集［M］. 北京：中国社会科学出版社，2002：136.

长率也只有 4.82%。而且民营工业资本在工业总资本中的比例在此期间不断上升，由一战开始时的 30%多增至 1920 年时的 42.3%，几乎可与外国工业资本分庭抗礼。①

从横向比较，中国在民国时期工业发展速度也并不输于其他西方国家，例如美国在 1912—1937 年间工业增长速度仅有 2.6%，在其历史上发展最快的 1874—1890 年间，工业增长率也只有 5.2%。英国在 1921—1937 年间工业年增长率为 2.2%，历史上发展最快的 1851—1873 年间增长率为 3.3%。德国工业发展史上增长速度最快的 1921—1929 年，年均增长率为 7.1%。② 由此也可以看出，后发植入型工业发展速度较快，而原发型工业发展速度较慢，这肇因于后发型工业体往往起点很低，而在发展中可以低成本地利用成熟的工业技术和制度，这些较先进的技术、制度相对于其原有较低基础的发展水平，能够释放出巨大的增长潜能，因此，后发型工业国通常都会经历一段较快的增长期。

5.1.3 民国时期中国经济向全面工业化转型

（1）国民政府时期是近代工业化的一个黄金时代

由于历史的原因，开始于清朝末年的中国近代工业化选择了一种脱离市场需求的以军事工业为中心的重工业优先发展模式。但紧接着政府权威在内外环境的巨变中日趋萎缩和分散，财政汲取能力不断下降，清朝政府的财政陷入到近乎破产的境地。在这样的财政状况下，逆市场的直接以重工业为切入点的工业发展路径缺乏强有力的支撑，没有了市场需求（消费需求和投资需求）的推动，其可持续发展的能力必然丧失。因此，从当时西方工业化国家普遍的先轻后重的工业化路径来看，这种工业化模式形成的工业结构在当时的市场和工业技术条件下，是一种极端扭曲的畸形的工业结构，但是当时内忧外患时局紧迫，优先发展军事工业有它的历史合理性。

民国政府成立后，实业兴国的热潮在全国兴起，官营资本和民营资本纷纷投入到先进的工业企业中。在金融的强力推动下，中国经济经过 1911—1936 年这 25 年间的快速演化转型发展，中国近代工业的结构渐趋合理化。

---

① 吴承明，吴承明集［M］. 北京：中国社会科学出版社，2002：136.

② 刘佛丁，中国近代经济发展史［M］. 北京：高等教育出版社，1999：136.

北京国民政府时期的工业发展被公认为是近代工业化中的一个黄金时代，在这个阶段所取得的工业成就得到了不论是史学界还是经济学界，国内学界还是国外中国史学界的充分肯定，这也说明该阶段工业增长是显著的，有目共睹并且有据可查的。

（2）国内市场的扩大是中国传统经济向工业化经济过渡的重要特征之一

民国初期，近代工业的发展和现代交通通讯业的兴起，各种要素市场出现，中国的国内商品市场明显比以往扩大。国内市场的扩大，是中国从传统经济向工业化经济过渡的重要特征之一。市场发育不仅包括市场交易量的增加、交易范围的扩大，还包括交易方式的日趋先进、交易手段的日趋合理。

交通运输业条件明显改善。以铁路为例，甲午战争前的铁路里程只有400 多公里，到 1927 年中国铁路长度已达 13036 公里，1937 年又增加到 2.1 万多公里。铁路载货运输量由 1907 年的 344 万吨上升到 1921 年的 47.1 亿吨。①

在通商口岸的数量方面，甲午战争前，已开辟通商口岸 34 个。1898 年开始，清政府主动对外开放，将岳州、三都澳、秦皇岛辟为通商口岸，到 1911 年共有 36 个“自开商埠”，② 民国之后，由于政府继续鼓励实业发展，加之 1914 年之后连续 4 年的欧战，外国资本对中国民族资本的压力暂时减轻，到 1927 年，口岸总数已达 104 处，其中大部分为自开内陆口岸。“自开商埠”星散各地，地域分布颇为宽广，它的增多极大促进了新兴工商业向内地的扩展。例如，昆明从 1912 到 1923 年，12 年间共新建各类工厂 45 家，总投资为 70 万元，其中 10 万元以上的有 3 家。③

外贸方面也快速增长。以 1890—1929 年这 30 年间为例，出口贸易增长了 7 倍多，年均增长率为 6.2%，大大高于甲午战争前 20 年间平均 2.54% 的水平；进口贸易增长了近 8 倍，年增长率为 6%，也明显高于甲午战争前 20 年间平均增长率 2.95% 的速度。④

商品交易的种类和比重也发生较大变化。进口商品中，生产资料明显增加，1895 年以前，生产资料在进口总值中的比重不到 10%，1936 年已上升到 44.4%，其中钢铁、化学染料、机器增加最快，占据前三位。过去进口值居

---

① 张九洲，中国经济史概论［M］. 郑州：河南大学出版社，2007：326.

② 杨天宏，口岸开放与社会变革——近代中国自开商埠研究［J］. 北京：中华书局，2002：111.

③ 杨天宏，口岸开放与社会变革——近代中国自开商埠研究［J］. 北京：中华书局，2002：302.

④ 张九洲，中国经济史概论［M］. 郑州：河南大学出版社，2007：329.

首位的鸦片输入不断下降，1931 年后已不在海关贸易统计范围之内。由于国内棉纺织业的发展，棉织品进口所占比重也逐渐下降，棉花由净出口变为净进口。出口商品中，农产品、矿产品和初级加工品的比重长期占出口总值的 80% 左右，豆类和桐油取代了茶、丝和丝织品成为主要的出口商品。如原处于出口商品首位的茶叶，到 1936 年，在出口总值中所占比重仅为 4.4%。①

随着市场的扩大，商品流通量迅速上升。据统计，1894 年国内市场商品量为 12.67 亿两（规元），1936 年达到 127.71 亿两，增长了近 10 倍。其中，1894—1920 年的平均年增长率最快，达到 7.28%。② 但从工业发展看，1920—1936 年的工业化水平提高较快。1920 年的国内生产商品贸易总额中，手工制造的商品、农产品和现代化工业品的比值约为 3∶3∶1。到 1936 年，这一比值大幅下降，手工业品占 42%，农产品只占 24%，而现代化工业产品占 34%，比值转变为 4.2∶2.4∶3.4。

在进出口贸易的推动下，沿海沿江的通商口岸成了近代商业最繁荣、发展最快的地区，新式商人的出现也主要集中在这些区域，其中上海、天津和广州分别成为华北、华中、华南的三大商业中心。20 世纪初，上海、天津和广州三市私营商业的国内销货量就占国内市场的 50% 以上，1950 年统计，上述三市私营商业的销货总额仍达全国的三分之一。这说明，中国商业的发展是不平衡的。造成这种不平衡的原因，除宏观因素外，在微观上也与市场需求、交易成本和交通条件等因素有较大关系。③

（3）中国国家商业资本也在这一时期出现

1935 年，国民政府成立资源委员会，垄断全国的钨、锑运销以及部分洋货的内销；1936 年成立了中国棉业公司，垄断全国的棉花纱布贸易；1937 年前后又先后成立了中国植物油料公司、上海中央鱼市场股份有限公司、中国茶叶股份公司，对植物油料、茶叶出口等商业贸易实行垄断。这些商业资本因有国家赋予的特权和财政力量的支持，发展迅速，很快成为中国商业网中仅次于洋行的支配力量。④

由于这些发展和变化，中国商业已形成了三重结构，即国内市场上的外

① 赵德馨，中国近现代经济史［M］. 郑州：河南人民出版社，2003：186-187.

② 赵德馨，中国近现代经济史［M］. 郑州：河南人民出版社，2003：188.

③ 张九洲，中国经济史概论［M］. 郑州：河南大学出版社，2007：337.

④ 张九洲，中国经济史概论［M］. 郑州：河南大学出版社，2007：310.

资商业、中国新兴的资本主义商业和内地乡镇和农村的传统商业，但从性质上讲，则分为资本主义性质的新型商业和传统的旧式商业。这反映了当时条件下中国国内商业的过渡性和复杂性。[①] 国内外市场的扩大给商品的交易，特别是长途交易带来不少变化，由货物的贩运转向货物的生产和销售，商品的类型和品种、流通线路的增加也意味着商业重镇和竞争者的增多，同时，地方的保护意识也在增强，导致传统商帮在原有商路上的利润减少，金融功能也由原来单纯的为流通服务转变为复合的生产加流通服务。

5.2 民国时期金融发展状况及其作用

在国内官办与民办工业快速发展的同时，商业资本出现与工业资本连带发展的趋势，通过大量引进西方金融理论与制度，中国金融体系向西方转型的步伐明显加快。金融体系发生了巨大的变化，主要包括货币制度、金融机构、资金融通、政府债务等方面的变化。这些变化导致了工业金融服务和商业金融服务功能的加强。

5.2.1 货币制度进一步完善

（1）清政府遗留下混乱的货币制度

清代对货币制度采取自由放任的态度，到清末因货币发行主体的增多，货币体系更加混乱，导致流通中的货币种类复杂。仅外币一项，除外国发行传入中国流通的外币外，还有以外国货币为本位但专供中国市场流通的纸币，如日俄战争中日本在我国东北发行的军用票和横滨正金银行发行的日本金票，华俄道胜银行发行的金卢布票。传统的银钱种类继续在市面流通，并出现了实银与虚银并存的复杂换算，同时又有一些新的货币种类流向市面，包括各类银元、铜元、纸币及各类票据。

1895 年后，货币流通的混乱局面所产生的负面累加效应也逐步扩大，主要导致市场的分割化，这种分割严重阻碍了商品在不同区域间的流通，“物价因之奇昂，商务遂以不振，贻害于国计民生”。因此，统一币制的呼声也日渐

---

① 张九洲，中国经济史概论［M］. 郑州：河南大学出版社，2007：331.

高涨。甲午战争后，巨额外债和庚子赔款接连不断，银价不断跌落，银对金的镑亏问题也就严重起来，不仅导致政府偿付外债本息时尤感负担加重，赔垫累累，而且对银钱并用的中国经济，特别是对外贸易都产生重大影响。

为此，探索币制变革，采取何种货币本位以避免损失的议论甚嚣尘上。主要有两种意见：一种主张采用金本位或虚金本位，另一种主张采取银本位。前者理论上占优势，后者操作上占优势，最终清政府从实际出发，制定了先银后金的币制改革步骤。1908 年的上谕如是说："欲以实金为本位，则鉅本难筹。若定虚金为本位，则危险可虑。自应先将银币整齐划一，然后稳慎筹措，徐图进步，将来行用金币，可望妥实无弊。"① 1910年清政府为推行银元本位制颁布了《国币则例》，规定：国币单位为"圆"，1 圆银铸币为主币，重量为库平 7 钱 2 分，含纯银九成。但这一改革尚未来得及全国推行，清政府就灭亡了。北洋政府延续了清朝银本位币制的改革思路，颁布了新的《国币条例》，实行银本位，以 1 元银币为主币，并对其种类、重量、成色等作了规定，银元逐渐趋向统一。但由于各种阻力，银两制度并没有被废除，中国币制实际上仍处于两元并行流通的状态。

（2）民国政府币值改革

两元并行给商品交易和货币流通带来的不便促使国民南京政府废除银两专用银元。1933 年，国民政府发布《废两改元令》和《银本位币铸造条例》，实行废"两"改"元"，规定银本位币定名为元，所有公私款项收付与订立契约、票据及一切交易一律改用银币，不得再用银两，并对银元重量和成色都作了统一说明。至此，存在了千余年的银两制度在全国范围内终被废除。

洪葭管先生认为，银两制度是一种落后的货币制度，不能在全国范围内充分发挥其价值尺度和流通手段的职能作用，对商品交换和全国统一商品市场的形成，都有严重的妨碍。因此，废两改元符合商品经济发展的客观需要。②但也要看到，银元仍然是一种金属货币，银本身的价格波动会给银本位制的稳定性带来冲击，另外，它只是取消了银两的货币资格，并没有取消其他形形色色的杂币。从世界范围来看，当时各资本主义国家普遍放弃金本位制度，进入了纸币流通的历史时期，因此，废两改元仍是一种不成熟的货币

① 陈度，中国近代币制问题汇编第 1 册［Z］.1932：139.

② 洪葭管，中国金融史［M］. 成都：西南财经大学出版社，2001：309.

体系。[1]1934 年世界银价的大涨，中国白银大量外流，银本位制的基础受到破坏。

1935 年 11 月国民政府正式废除银本位，实行白银国有，禁止银币流通，推行法币改革，并将法币与英镑、美元挂钩，以保持其稳定性。这次改革确立了新的货币制度，用纸币代替了金属货币，割断了中国货币与白银的直接联系，使世界银价的涨跌不会对中国货币发生大的影响，为中国货币制度的现代化奠定了坚实的基础，[2]为中国经济向工业化经济转型发展创造了一个有利的货币环境。

首先，法币政策的实施使中国货币制度发展到了信用本位阶段，斩断了世界银价涨落影响中国经济波动的途径，为中国政府通过货币政策以民族利益为基准调节国内工业发展提供了可能性。法币政策的实施，大大加强了政府对经济的调控能力，从此以后，政府可以通过管理货币供给量来影响国内工业的发展。

其次，法币政策的实施也提高了交易效率，扩展了市场范围，间接地瓦解着自然经济。法币政策结束了币制的混乱，降低了交易流通成本，并且通过纸币的发行，解决了市场流通中硬通货不足的困难，从而为市场范围的扩展提供了条件，为工业的发展提供了更大的市场。

最后，币制改革也增强了南京政府推动国家资本主义的能力。币制改革使南京政府掌握了大量的白银储备，为其国际融资提供了便利，也为其对内掠夺提供了更便捷的手段。这都加强了南京政府调节工业发展的能力。

5.2.2 金融机构推陈出新

商业经济向工业化经济的演化转型对金融体系的功能产生新的要求。即资金流动向储蓄 – 投资方向的转变，这对金融机构的期限中介功能提出更高要求。期限中介功能是指金融机构通过吸收期限短、规模小的存款积聚资金，并将资金贷给资金需求量大、期限长的需求者，实现资金由短期、小额向长期、大额的调配。它明显要比过去商业体系内部跨区、跨行业的资源转移具有更高的经济效率。在这一功能为主的供应竞合中，原有以票号、钱庄、外

① 叶世昌，中国近代货币本位制度的建立和崩溃［M］. 中国钱币论文集第四辑，2002：387.

② 赵德馨，中国近现代经济史［M］. 郑州：河南人民出版社，2003：197.

资银行为主的金融机构格局发生了根本变化，逐步形成了由新式银行、钱庄和外资银行分担金融功能的新局面。

（1）中央银行职能的逐步完善

清末到民国货币制度由放任到法定的变化大大提升了中国金融体系的整体功能，反映在金融机构上就是中央银行（或国家银行）的出现及其功能的相对完善，其演进的顺序大体为清朝的大清银行，北洋时期的中国银行及南京政府的中央银行。

中国近代中央银行的设立以1903年清政府创办户部银行为开端。从试办户部银行章程来看，户部银行拥有双重职能，即代理国库、发行纸币和从事信贷业务。从事信贷业务属于商业银行性质，而代理国库、发行纸币则具有中央银行性质。[①]1908年户部银行改为大清银行，同时颁布《大清银行则例》，明确赋予大清银行三项特权：代国家发行纸币；经理国库事务及公家一切款项，并代国家经理公债及各种债券；代国家发行新铸币。可以看出，清政府设立中央银行的主要目的是为了解决国家财政困难、币制紊乱等问题。但在实践中，由于中央银行的这些特权并不完全由其独立享有，而且存续时间很短，因此，其职能履行效果并未达到预期目的。如纸币发行权，除了大清银行、交通银行、中国通商银行外，浙江兴业、四明等商业储蓄银行，各省银行，各外商银行等，均有钞票发行权。

民国建立后，北洋政府于1913年将大清银行改组为中国银行，明确规定其行使中央银行职能，并仍可经办商业银行业务。这种双重定位导致后来的中国银行一度远离了中央银行的建设目标，走上了商业化的发展道路。[②]另外，实际上当时的交通银行也享有和中国银行一样的特权，这一期间实际施行的是双央行制。

南京国民政府上台后，为推行经济统制政策，逐步加强了对金融业的控制，中央银行制度方面因此取得了较大成就。1928年首先颁布了《中央银行章程》，并不久在上海成立了中央银行，明确规定中央银行为特殊国家银行，在国内为最高之金融机关，其设立目的一为统一国家之币制，二为统一全国之金库，三为调剂国内之金融，享有经理国库、发行兑换券、铸造和发行国

① 程霖，近代中国中央银行制度思想演进［J］. 财经研究，2005（3）：136.

② 程霖，近代中国中央银行制度思想演进［J］. 财经研究，2005（3）：140.

币、经募国内外公债等特权。另规定中国银行为政府特许之国际汇兑银行，交通银行为政府特许之实业银行，后来又设立了农民银行，试图实现中央银行与政府特许专业银行的分离。[①]但是，由于中央银行自身实力的薄弱及当时国内外复杂的形势，这些规定在实施过程中面临多种阻力，而且中央银行与政府特许专业银行之间的界限并不明确。随后 1935 年的法币政策改革中，政府规定中央、中国、交通三银行所发行之钞票定为法币，后又追加中国农民银行发行的纸币与法币同样行使，这样，我国的纸币发行银行大大减少，由四十多家集中到四家。法币政策是近代中国货币集中发行的开始，它的实施，一举改变了以往货币混乱的状态，也结束了民间发行货币的历史，是中国近代货币史上的进步。因此形成了一种特殊的四行复合型中央银行制度。

从上述中国近代中央银行演变的过程可以看到，中国中央银行的三大职能——政府的银行、发行的银行、银行的银行，经历了一个由分散到集中，并不断完善的过程，伴随着这一过程，中央银行制度在社会经济发展过程中发挥的作用日益重要，不仅相对解决了财政困难、币制紊乱、各银行缺乏必要的资金融通等问题，而且，也给金融业发展带来重大影响。整体上讲，中央银行的出现大大提升了金融系统的运行效率，优化了金融机构的发展环境，改变了过去金融功能的实现完全依靠各商业金融机构自发行为的落后局面。

（2）新式银行的蓬勃发展

从 1914 年一战爆发之后到 1927 年南京国民政府成立之前，是银行业的自由发展期，实力增长较快，通过“储蓄转化投资”这一经营理念的指引，初步实现了与商业、政府、工业金融服务等各项功能的协调，在国内金融经济发展中的影响力逐步提高，对经济向工业化转型发展的推动及支持力度越来越大。

首先，国民政府通过货币发行权、信用和外汇政策，使得官僚资本在金融系统中获得了主导地位，标志是建立了国家资本性质的四行两局（中央银行、中国银行、交通银行、农民银行四银行和中央信托局、邮政储金汇业局）为核心的政府金融系统[②]。以此作为进一步推进经济向工业化转型的利器。1935 年，全国 2566 个银行机构中，官办银行有 1971 个，占 77%。1936 年，

① 王红曼，对中国近代金融三次制度性创新分离之考察［J］. 四川师范大学学报（社科版），2009（4）：32.

② 杜恂诚，官僚资本与旧中国社会性质［J］. 社会科学，1982（11）：65.

四行的实收资本占全国银行的42%，资产占59%，发行兑换券占78%，纯收益占44%。[①] 其次，各地方政府纷纷设立地方银行。

（3）钱庄的业务转型及功能演化

1936年，全国尚有钱庄1500家，拥有资本1亿元，占私人金融资本的32%。[②] 随着中国近代工商业的发展，钱庄资本的一部分向生产领域伸展，使得钱庄资本的运动，包括存款的构成和贷款的去向都增加了新的内容[③]。以实力较大的上海福康钱庄为例，该钱庄在1896年、1898年、1899年这三年中，年平均存款为199895两，其中股东存款占9.97%，私人占40.25%，工商业占46.78%，放款年平均229735两。到1907年该庄存款达到817069两，工商业存款占41%，私人存款占45%，放款达到100万两，比前三年平均额各增长了三倍以上。[④]"工商存款"所占比重连年上升，而且与钱庄往来的"私人"，有较大一部分是工商业者，所以"私人存款"项下有相当数量的款额也应归入"工商业存款"。

（4）票号的业务收缩及逐步衰落

19世纪末20世纪初，票号的发展进入了极度繁荣期。据不完全统计，从1894年到1911年，各票号承汇各省公款总计1.41亿两，其中，仅汇往上海归还四国借款和赔款就达9.4千万两，占到66.3%。这些款项由上海各家票号集中交付汇丰银行、德华银行、华俄道胜银行、法兰西银行、日本横滨正金银等外国在华银行。票号在办理庞大的公款汇兑中，利用收汇交汇的时差，占有大量存款和在途款项，又可向政府提供信用服务。票号巨大的业务带来丰厚的利润。以大德通为例，1888年每股分红850两，到1900年则为4024两，扩到4.7倍，1908年每股分红17000两，是甲午战争前的20倍。[⑤] 然而，这一辉煌并没有持续多长时间，1911年，辛亥革命爆发，票号因存款纷纷提取、放款无法收回，导致内部周转不灵，损失惨重，纷纷倒闭收歇，从此走上了衰败的道路。

另外，票号的主要业务是汇兑公款业务。随着官办银行的增多，票号的

---

① 中国人民大学，中国近代经济史（下册）[M].北京：人民出版社，1978：29.

② 赵德馨，中国近现代经济史 [M].郑州：河南人民出版社，2003：195.

③ 洪葭管，中国金融史 [M].成都：西南财经大学出版社，2001：122.

④ 黄鉴晖，也谈山西票号和上海钱庄的性质 [J].金融研究，1983（1）：62.

⑤ 孔祥毅，金融贸易史论 [M].北京：中国金融出版社，1998：76.

汇兑公款业务出现了下降趋势。过去由票号收存和承汇的官款业务大部分被国家银行揽去。如 1906 年户部存放各行号款约 693 万两，其中外资银行约 56.7 万两，约占 9%，户部银行约 424 万两，约占 61%，票号约 206 万两，约占 30%。① 交通银行设立的第二年经汇的官商款便达 4044 万两。② 同时，各地政府创办的官银钱号多数办理官款汇兑业务，这也大大减少了票号的业务总量。如江西省，1905 年应负担的债赔两款 2597000 余两，其中交官银号汇兑的为 2577000 余两，占 99%以上，票号所获之汇兑额竟不到 1%。③ 由此看出，票号与清政府密切合作并从中获得巨大利润的优势逐渐丧失。1906 年是票号汇兑各项公款最多的一年，共达 2.25 千万两，以后逐年减少，到 1908 年就下降了一半多，1910 年又下降至 595 万两。④

1911 年，辛亥革命爆发，票号因存款纷纷提取、放款无法收回，导致内部周转不灵，损失惨重，纷纷倒闭收歇。同时，辛亥革命后的数年间票号业的业务量也大量缩减。刘建生先生认为，1913 年票号存款总量仅为清末时期的 21%，放款总量仅为清末时期的 35%。⑤ 以上种种原因导致票号走上了衰败的道路。到 1921 年，辛亥革命前的 26 家票号仅剩平遥日升昌，祁县三晋源、大盛川、大德通、大德恒等 5 家票号尚在维持，1930 年后，这几家票号或歇业或改业为钱庄、银号，票号作为一种专营汇兑的金融行业永久退出了历史舞台。⑥ 从资本的变动情况可以更清楚地看到票号业整体衰落的过程。清末极盛时期平均每家票号的资本为 20.2 万两，以 25 家（平均值）计算，这一时期的总资本额达 525 万两。1911 至 1920 年间，平均每家票号的资本为 25.6 万两，以 1917 年的 12 家票号计算，该年前后票号的总资本额约为 307 万两。1921 年至 1940 年间，平均每家票号的资本为 26 万两，1933 年仅存三家票号，总资本额约为 78 万两。⑦

北洋政府和南京国民政府期间，制定了专门的金库条例对国库进行管理，其中公款存放汇兑业务，除关盐税担保外债部分的保管权利归外商银行外，

① 孔祥毅，王森，山西票号研究［M］. 北京：中国财政经济出版社，2002：277.
② 洪葭管，中国金融史［M］. 成都：西南财经大学出版社，2001：141.
③ 江西巡抚胡廷幹奏折，军机处录副折 .
④ 孔祥毅，王森，山西票号研究［M］. 北京：中国财政经济出版社，2002：275.
⑤ 刘建生，山西票号业务总量之估计［J］. 山西大学学报（哲学社会科学版），2007（3）：235.
⑥ 孔祥毅，金融贸易史论［M］. 北京：中国金融出版社，1998，80.
⑦ 燕红忠，山西票号资本与利润总量之估计［J］. 山西大学学报（哲学社会科学版），2007（6）：128.

其余都委托指定的政府银行代为经理，实际上成为政府银行的垄断业务，一般商业银行可以代理的公款业务只限于公债承销。①

19 世纪 70、80 年代票号的存放款业务总量为 23227 万两，到 20 世纪初，这一业务总量上升至 76216 万两，已成为名副其实的超大型金融机构。②伴随业务量的倍增，其风险管理意识和能力却没有相应提高，导致风险高度累积，一有大的危机发生便陷于难以应付的境地，从而不得不倒闭歇业。进入民国时代票号业整体衰落，而且再没复兴过。

5.2.3 金融推动经济向全面工业化转型

近代中国的官僚资本和民营资本都属于民族资本，根据资本的所有权也可将二者划分为国家资本和私人资本两大类，它们的存在和发展对于当时中国的工业化转型有着积极的影响③。是推动中国传统经济向工业化经济转型发展的最初动力和持续动力。

（1）民营资本推动全面工业化转型

中国民营资本经营的近代工业，虽然在 19 世纪 70 年代初就已发生，但是进展缓慢。到甲午战争前夕的 20 余年间，新开设的资本在 1 万元以上、纯粹商办的工矿企业，为数仅 50 余家。这些企业大多数为轻工业，资本较少，在 1 千两到 10 万银两之间，技术水平低下，约一半工厂集中在上海，广州也有十来个，其他各地很少或没有。④甲午战争结束至 1913 年的 19 年间，出现了一个发展民营资本工业的浪潮，一些主要行业的增长速度，年增长率达到百分之十五到二十，本国新设厂矿资本在 1 万元以上的工矿企业有 549 家，投资规模共计 1.2 亿多元，平均每年增设 28.9 家，新增资本 633.1 万元，⑤涉及纺织、面粉、化学、烛皂、机器、印刷、制革、玻璃、油漆、榨油等工业行业。新设厂矿家数及新投资数额方面，分别超过前一时期的 10 倍到 20 倍以上。⑥上海、无锡、汉口、济南、天津、哈尔滨等已经成为新式工业集中的城市。而且，这期间官办企业的新投资不过 2 千万元，而商办企业达 1 亿元（官

① 贺光明，经理国库制度的演进及中国模式选择［M］. 北京：中国金融出版社，2008：39-40.

② 燕红忠，山西票号资本与利润总量之估计［J］. 山西大学学报（哲学社会科学版），2007（6）：131.

③ 丁日初、沈祖炜，论晚清的国家资本［J］. 历史研究，1983（6）：157.

④ 全慰天，中国民族资本主义的发展［M］. 郑州：河南人民出版社，1982：87.

⑤ 吴承明，中国资本主义与国内市场［M］，北京：中国社会科学出版社，1985：122.

⑥ 吴申元，中国近代经济史［M］. 上海：上海人民出版社，2003：100.

商合办企业按各半计），民间投资远超过政府投资，逐渐成为本国工业资本的主体。①

1914 年到 1920 年，因第一次世界大战列强争斗，对中国的控制有所放松，中国资本主义得到进一步发展。1914 年到 1919 年的六年间，中国资本新设厂矿共 379 家，新增资本 8580 万元，平均每年开设 63 家，新投资本 1430 万元。②1920 年，全国工矿企业增加到 1759 家，资本额 5 亿元，分别比 1913 年前增长了 152% 和 51%。

1923—1927 年企业数新增加 608 家，企业资本总额增加约 1 亿元。③ 这一期间，民营资本的增速也是大大超过了国营资本和外国资本，如 1913 年到 1920 年间，年增长率达到了 15.69%，同期国营资本年增长率为 8.93%，外国资本年均增长率仅为 4.36%④。

1927 年成立的南京国民政府在经济政策上出现自由主义与国家权威主义结合的趋势，国家在财政金融、工业、交通等方面采取的积极干预措施取得了巨大成果。据统计，1931—1935 年的建设成果“相当于民国以来 20 年的总和”，而 1936 年一年的建设成果又超过了这四年的建设成果。⑤ 但至少到 1936 年，二者的结合并未影响民间资本的发展，民营经济继续保持了较好的发展势头，这段时期，民族工业资本年均增长率仍超过 8%，企业的数量、资本规模都比前一时期有所扩大。在 1928 年至 1934 年，共计有 984 家工矿企业登记注册，平均每年 164 家，开办资本总额为 3 亿多元，平均每家 30 多万元。⑥

这一时期，中国民族工业的发展还有一个特点是出现了地方性财团，比较出名的有荣家财团、永安财团、周学熙财团、华南财团、四川财团等。例如，周学熙财团是一个包括轻重工业、金融保险业在内的庞大综合性财团，1928 年其主要企业的资本额为 4260 万元。这些财团资本丰厚，规模巨大，在其所在的行业和地区内带有一定的垄断倾向。⑦

---

① 吴承明，中国资本主义与国内市场［M］. 北京：中国社会科学出版社，1985：122.

② 吴承明，中国资本主义与国内市场［M］. 北京：中国社会科学出版社，1985：124.

③ 陈晋文，对外贸易与中国现代化［M］. 北京：知识产权出版社，2010：22.

④ 陈晋文，对外贸易与中国现代化［M］. 北京：知识产权出版社，2010：21.

⑤ 刘健清等编，中国国民党史［M］. 南京：江苏古籍出版社，1992：413.

⑥ 马陵合，中国近代经济史［M］. 安徽师范大学精品课程自编教材 Word 版：64.

⑦ 陈晋文，对外贸易与中国现代化［M］. 北京：知识产权出版社，2010：23.

（2）政府投资引导全面工业化转型

国家资本进入到实业，引导经济向工业化转型开始于清末且发展较快。到1894年，官僚资本尽管数额不大，总额只有1.6千万元，但占当时中国工矿业总资本的78%。甲午战争失败后，受赔款和外债剧增的影响，官僚资本虽未停步但发展缓慢，从1895年到清朝覆灭后的1913年，各地官僚资本企业共计85家，资本总额近3千万元。①

北洋政府时期，除接收了清政府的官僚资本企业，各省又扩建和新建了一部分军用企业和民用企业，但由于社会动荡，军阀混战，国家处于严重分裂的局面，所以，官僚资本整体发展仍然缓慢。

南京国民政府时期，随着国内统一和中央政府财政收支逐步好转，官僚资本取得重大进展，工业方面虽不占重要地位，到1935年，所占比重不到15%，②但建立了资源委员会，对全国工业发展开始宏观调控。

5.3 民国时期山西经济向全面工业化演化转型

辛亥革命以后，阎锡山统治山西期间山西现代科学技术、工农业等取得了快速的发展，山西经济迅速崛起甚至称雄于全国。科学、技术与生产的相互关系在此之前是生产——技术——科学的发展模式，到了20世纪初，基本已经是科学——技术——生产的发展模式。阎锡山“科学贵能生产”、“科学教育应向造产路上走去”的思想正是这一时代特征的反映。阎锡山将科学技术作为发展生产、振兴经济从而救亡图存的最急迫和最直接的手段，提出了一系列振兴科技、引进国外先进技术、培育科技人才、鼓励技术发明的政策措施。1912年到1937年的短短20多年时间内，山西从近乎一张白纸一跃而称雄全国，甚至远远超过一些起步早得多的发达省份，科学技术在其中杠杆的作用不容忽视。

山西初步工业发展所依托的正是那个时代的科学技术成就——电力技术、化工技术和机械制造技术等。也正是由于阎锡山懂得运用科学技术这一有力杠杆，才造就了近代山西以采煤、电力、冶金、化工、机械、水泥以及轻工

① 杜恂诚，官僚资本与旧中国社会性质［J］. 社会科学，1982（11）：65.

② 吴承明，中国资本主义与国内市场［M］. 北京：中国社会科学出版社，1985：131.

等为主体庞大的工业经济体系，尤其是军事工业体系。但是阎锡山科学理念中偏重眼前利益，从而导致了科学研究方面的短视，不重视基础研究，对于科学技术的运用，采用实用主义作法，虽然在短期内造就了山西工业建设的繁荣，但是最终也使得工业经济发展后继乏力。同时偏重军事技术和军事工业的发展，导致了一种畸形的产业结构，新中国成立后畸形的工业布局其历史渊源似可追溯至此。

19 世纪末 20 世纪初，现代工业逐渐在山西兴起。许多有识之士根据本省的自然条件和资源情况，以丰富的煤铁资源为基础，大力兴办现代工业，尤其是在阎锡山统治山西的 38 年间，山西工业得到了较为快速的发展。省会太原在 1949 年已经有“人口三十万，工业遍及城郊四周，西北两面为主要工业区，工厂林立，规模宏大，大至于重工业，如炼钢厂、洋灰厂，小至于轻工业、如纺织厂、火柴厂，无不应有尽有，尤其兵工厂、炼钢厂、煤矿、著名全国。西北制造厂、修造厂、可造山炮、重炮、迫击炮、轻重机枪；西北炼钢厂每月可产生铁一千五百吨，钢一千六百吨；西北洋灰厂，每月可产洋灰三千余吨；西北煤矿第一、第四厂、每月可产煤四万三千余吨：西北机车厂，每月可修造机车三十辆，客货车皮一百辆；西北滑雪场、电化厂、可造黑色火药、硝铵炸药、硝酸、硫酸、盐酸、酒精、漂白粉等……”①，除太原外，大同、阳泉等地也有一些较大厂矿。相比全国其他地方，山西省工业是较为发达的区域，全省工人已达 50 余万，② 山西主要统治者阎锡山认为，“山西乃地大物博，民风古朴，宝藏甚富，久为外人所艳羡，倘不速定厚生计划以谋中正和平之发展，则世运演进，由简而繁，而百业颓废，生计艰难，其何以图自存于世界耶”③，所以为巩固其在山西的统治也提出了几条发展山西经济的政治措施，其中“六政三事”影响较大，该政策的实施大大增加山西财源，不仅解决了工业经济发展所缺的资金问题，而且促进山西农业大发展。阎还提出“保境安民”口号即“此间兵队不出晋省一步，客军不许过境”，为山西带来一个相对稳定的环境，因此至民国成立以来，山西成为北方战乱最少的省份，客观上为山西工业经济发展创造了一个比较安定的环境。1920 年，阎锡山又提出“山西十年厚生计划”，在该计划案中曰，“省政建设之全部事实，

---

① 山西省概况介绍［N］. 山西日报，1949-09-01.

② 贯文，五十万工人兄弟会合了——第二届工代大会开幕特写［N］. 山西日报，1949-11-09.

③ 刘立敏、徐中林，阎锡山与山西近代化［J］. 晋阳学刊，2003（6）.

不外政治、经济之合体。故谓省政全般设施是政治，谓全部政治之着眼即在经济亦可，盖政治为经济之原动力，经济实政治之结果，是政治建设，正所以促经济建设之成功也。离开建设经济之政治，为无果之政治；脱离政治建设之经济，为无推动之建设，所以建设计划对于政治建设、经济建设，必须同时并进而不能偏废其一”①。该计划案论述了政治与经济建设之关系，因经济建设的成功事关政治之稳定，所以阎锡山开始对山西炼油、钢铁、机器、电气、农林、林业六大行业提出具体的发展规划和方针，表明其对经济建设的决心。

5.3.1 轻工业发展迅猛

进入民国时期，山西的轻工业发展更加迅猛，受太原火柴厂的影响，平遥县于1916年创办“金林火柴公司”，新绛县成立“燮昌火柴公司”，以及1922年创建的汾阳“昆仑火柴厂”。清末明初倒闭的“新绛纺织厂”于1927年由李玉山重建改名“大益成纺织厂”②，创建之初只有6048枚纱锭，发展至1932年已经增加到48480枚纱锭③。该厂在1938年改名为“三三纺织厂”，至1941年又改名为“山西省新绛县新绛纺织厂”，至1943年日本侵华时该厂毁灭，从而破产。1929年由资本家徐子澄创建成立的晋生纺织厂，至1930年该厂生产晋鼎桐花、三龙棉布，日产200余匹④。

在印刷业方面，辛亥革命后也迅速起步，《山西日报》、《并州》、《民报》先后出现，1913年张兰亭和赵永义创办了新书社，当时已经出现胶印、石印技术。

这一时期的主要轻工业企业包括西北印刷厂、兴农酒精厂、西北火柴厂、西北毛织厂、皮革制造厂、西北制纸张厂、晋华卷烟厂等，此外还有些民营轻工业，大益纺织厂、晋生染织厂、晋华纺织等，其中晋华纺织发展至1930年其资本已经增加至400万元。但这一时期的山西工业发展的中心仍然是重工业。

---

① 山西省地方志编纂委员会编，山西通志［M］. 附录，北京：中华书局，2001：125.

② 中国山西省委调查研究室编，山西工业经济调查［M］. 第1册，太原：山西人民出版社，1959：360.

③ 张秉权编，山西工业基本建设简况［M］. 太原：山西省地方志编纂委员会，1987：13.

④ 张秉权编，山西工业基本建设简况［M］. 太原：山西省地方志编纂委员会，1987：13.

5.3.2 重工业长足发展

（1）军工企业扩大规模

重工业随着清朝末年山西机器局的发展，特别是阎锡山时期的政策扶持，得到更大进步。1914 年阎锡山将其改组为“山西陆军修械所”，所内设 4 个分厂，1918 年又加设铜元局，以修配军械为主，兼造刺刀、指挥刀等，同时在管理上进行改革。1920 年阎锡山将陆军修械所改为“山西军人工艺实习厂”，1924 年又创立飞机分厂，该厂有职工 15000 余人，机器 1100 部左右。1927 年至 1930 年中原大战期间，阎锡山创建太原兵工厂，该厂生产的火炮、机械、炮弹、子弹大大加强了阎锡山的军事实力，中原大战失败后，太原兵工厂改为太原修械所，这一时期工厂只是生产一些生活用品。民国时期主要的冶金公司为 1916 年创建的“阳泉保晋铁厂”，该厂共有职工 12700 余人，日产铁 15 吨①。其次为 1925 年阎为解决其军需钢材而投资 800 万元筹建的育才机器厂和育才炼钢厂，这不仅解决了军需钢材的困难，同时进一步配合了工业“厚生计划”的执行与完成。该厂在该年底建成，拥有机器 60 部，气锤 2 吨，炼钢电炉 1.5 吨等设备②。1930 年生产出机器 1300 多部，钢材数万磅。之后将兵工制造部改为专门制造社会生产所用机器，继续制造织布机、织毛机、纺毛机、插床、刨床、车床、铣床、钻床等，而且还制造了面粉机。同时阎锡山还举办与军事工业有关的化学工业。

（2）煤炭企业进一步发展

与清朝末年相比，这一时期山西煤炭业有了进一步的发展。1914 年刘公衡等合资创建了“汾阳煤炭公司”，1915 年在阎锡山的支持下山西设立“裕晋煤矿公司”，于 1918 并入“同宝煤矿公司”，后来又设立“晋北煤矿局”以及“晋普煤矿公司”等，“厚生计划”推行后，阎锡山对这些工业企业进行必要的投资以改进其生产能力。1919 年韩文仁投资 2 万元创办了“天成煤窑”，1923年工家驹投资1万元兴建“长治峙峪煤矿”，日产五六十吨③，但因军阀混战，阎锡山铸造铜钱引起的通货膨胀等，使得上党地区煤炭生产锐减。种种不利条件，导致成立不到 4 年的长治峙峪煤矿破产倒闭。同期还有 1923

① 山西省委调查研究室编，山西省经济资料（第 2 分册）[Z]. 太原：山西人民出版社，1958：94.

② 刘立敏、徐中林，阎锡山与山西近代化 [J]. 晋阳学刊，2003：6.

③ 张秉权编，山西工业基本建设简况 [M]. 太原：山西省地方志编纂委员会，1987：10.

年在潞城县兴办的“潞城石圪节煤矿”，日产煤 50 吨，1928 年改为“兴华煤矿公司”，同时井筒改造使产量提高 5 倍，1929 年该厂矿共产煤 22000 吨[①]。

（3）铁路交通迅速完善

民国初年，为辅助煤炭外运，山西修筑的铁路主要有三条，但没有全部竣工，它们分别为平绥、正太、同蒲铁路等以及一些小的路段。正太铁路于 1907 年修建成功。[②]“平绥铁路”修建计划被重新提起始于 1904 年，这是中国人自己建立的铁路，1909 年，张绥路段测量完毕，宣统三年三月（1911 年）修通张家口至阳高段，民国三年 1 月修通阳高至大同段，1919 年，大同至丰镇段亦修通。至此，东起大高埃、北至堡子湾，全长 147 公里的京绥铁路山西境内段基本建成。同蒲铁路的筹办从 1903 年开始了，但因列强来争夺筑路权，清政府不得不搁置该计划案。1904 年，张曾敫上奏：“现在公司筹拟仿奥汉、川汉公司办法，参酌本地情形，召集股本自造铁路，由太原省城起南达蒲州，以通黄河；北抵大同、宣化，共计 2 千余里，约需费 2 千余万两，名日同蒲铁路公司。用人办事，一律俱遵商律。此后分年集款，分段程功，勉力筹措，尚非甚难，恳请奏咨，先行立案，以保权利。”[③]

1905 年，清政府批准山西巡抚张曾敫的奏请，在地方集股建立山西同蒲铁路，直到宣统三年，同蒲铁路公司才修成了榆次至太谷段 35 公里的路基。规划中的同蒲铁路全程经过 5 个地区、28 个市县，全长 850 公里，设立 95 个站。袁世凯上台之后将同蒲铁路收归同成铁路，签订《接收山西同蒲铁路合约》，但是直到 20 世纪 30 年代同蒲铁路重修之际，并无任何实际进展。同蒲铁路是大同经太原至蒲州的一条贯通山西南北的铁路，也是山西干线最长的铁路。除去分析铁路建设情况之外我们还需考察山西交通运输量的发展情况，正太铁路是山西较早的铁路运输线，该铁路开始以货运为主，主要货物为煤炭，货运收入占总收入 70% 以上，1934 年至 1935 年甚至高达 83%，山西正太铁路的收入额，不论旅客收入还是货运收入都呈上升趋势。[④]表明正太铁路运输量在近代化过程中不断发展，而货运量的增长趋势亦反映了山西工业经济的持续发展。

---

① 刘建生，山西近代经济史［M］. 太原：山西经济出版社，1994：375.

② 参见实业部国际贸易局编，中国实业志［Z］. 山西省第一篇，上海：实业部国际贸易局，1937：1.

③ 山西地方志编，山西地方志通讯［Z］. 1982：210.

④ 正太史料［J］. 铁路月刊，1931，正太线 1（7）.

总之，与清朝末年相比，民国初年工业发展不仅在数量上有很大提高，而且在质量以及类型上都有较大飞跃，铁路交通设施的不断完善进一步促进山西近代工业发展速度，加快了工业化步伐。1913 年山西工厂个数约 953 家，从业人数约 18427 人，这与清朝末年工业建设形成鲜明对比，表明山西工业化正在加速发展。

（4）政府支持山西工业经济步入高潮

20 世纪 30 年代，山西进入工业经济发展的高潮阶段，与 20 年代相比最大的区别在于阎锡山对重工业经济的鼎力支持，这种支持不仅包括政治上的扶持，还包括经济上的投资。这一时期山西工业化的程度，虽然没有浙粤繁盛，但在西北数省中则最为发达。据《山西实业志》调查，这一时期工厂有 6899 家，资本为 36389510 元，员工总数 72257 人，生产总值 43025720 元[①]。山西官僚企业的主要代表为西北实业公司，其从业人数约 20648 人，资本投资额约 22520000 元（此数据根据《中国实业志》和《西北实业公司历年概括》得出，但一些工厂特别是西北采矿厂未得到其资本数据，故加总时有 9 个厂的资本投资额未加入其中，因此西北实业公司的实际投资额要大于此数值），占全省工人数 29%，投资资本额的 62%。说明西北实业公司不仅能够代表山西当时主要的工业经济，而且在一定程度上代表山西工业经济的发展水平。

这一时期的重工业主要包括：西北铸造厂、西北机车厂、西北农工器具厂、西北水压机厂、西北机械厂、西北铁工厂、西北汽车修理厂、西北电气厂、西北枪弹厂、西北炼钢机器厂等。截止 1937 年，太原沦陷前，山西省民营事业仅工矿生产事业机器已有四五千部，总资本已达约一亿元，从业员工数万人。1913 年官办工业与民办工业员工统计总计 18427 人，30 年代仅西北实业公司从业人员已达 20648 人，据《中国实业志》记载，山西 1937 年的工业从业人员约 722578 人，为 20 年代的 4 倍。

5.3.3 官办和官督商办在山西近代工业占据了统治地位

从时间上来看，由于太原属内陆城市，既非对外贸易商埠，也非交通要道，资本主义在山西的启蒙较晚，山西近代工业的初创晚于发达地区将近 30 年。从创建类型来看，中国近代工业首先是从轻工业方面开始的，但其发展

① 参见实业部国际贸易局编：中国实业志山西省第六篇［Z］. 上海：实业部国际贸易局，1937.

的模式是“国资启动——民营为主——国资垄断”三个阶段，在这种情况下官办、官督商办占据了统治地位，民间创办新式产业的活动受到了压制，官商矛盾日益恶化，沉重的打击了民间资本投资新兴产业的积极性，成为当时中国发展新式产业的最大障碍。

山西近代工业的发展过程中也经历了这一模式。首先，山西近代工业的初创都是由清政府出资建立，之后在不断的发展过程中变成了官僚资本主义的发展形式。其次，从发展轨迹来看，伴随着重工业的起步与发展，在阎锡山统治期间，机械工业的发展逐渐演变为以军事工业为主，最终机械工业变成了军火工业。就太原机器局规模不断扩大，由起初的枪械修理发展到制造军火，并为阎锡山大规模发展军火工业奠定了基础，所以山西官僚资本工业发展一直以重工业为主。第三，从创建规模和类型上看，山西近代民族轻工业总体上看表现为规模小、资本少、发展缓慢等特点。山西近代工业所使用的大多数机器为外国所淘汰的机器。如太原机器局购进的就是英国淘汰的机器。但它毕竟是太原机器工业的开始，山西的机械工业由此历经坎坷，从无到有发展起来。而山西官办工业主要是以服务军事为目的，山西工业的比重中军事工业占了很大的部分，这就使得山西工业的发展是以服务本省的军事为目的；同时官办工业起步的资金基本上都是由阎锡山直接划拨，而非资本主义工商业者筹集股本作为企业发展的起步资金。

清朝末年时工业初创只有几家官营企业，工业对国民生产总值贡献微乎其微，到20世纪初民营资本和官僚资本共同发展，山西工业经济开始逐步壮大，伴随着工业经济发展和外国资本主义的不断摧残，山西封建经济进一步解体，进入市场进行交换的农产品比重持续增加，经济作物在农业生产中的规模不断扩大，农产品的交换不断市场化、商品化。20世纪30年代，山西的经济结构已由完全的农业经济转变为农业、手工业和资本主义工商业共同发展。虽然，山西农业经济在生产中仍然举足轻重，随着阎锡山《省政十年计划案》的推出，重工业在经济生产中比重进一步加强，山西现代经济体系得以初步确立。

这种初步建立的标志表现在工农商产值比重的变化。按照安华博士的估计，山西1936年农业产值占40%，而工业产值占60%，工农产值比例为6:4，其中工业产值估算并未去除手工业产值。全国同期农业产值占65%，工业产值占35%[①]，即工农产值比例约3.5:6.5，因为工业产值估算并未除去手工业所以实际的工业产值要更小，这一数据对比表明山西工业化程度与全国相比遥遥领先。

5.4 民国时期山西金融发展状况

5.4.1 民国初年山西金融形势混乱

民国初年山西金融的发展形势可以从货币流通、金融市场、金融监管三个方面来考察。

（1）货币流通杂乱无章

民国初年，山西市面上流通的货币五花八门，各种银币、银锭、铜制钱、铜元等金属货币，和银行、银号、钱庄、票号的纸币与钱帖并行流通；刚刚建立起的银本位制也被搁置，仍旧延续了清代无集中管理式的货币制度；加之我国白银通过战争赔款、鸦片流入与套购等方式源源不断地外流，国内硬通货大量减少，利率不断上升。

（2）金融市场萎靡不振

无集中管理式的旧货币制度不能适应新社会新形势下新需求的形成，结果表现为山西金融市场的混乱。于是，金融市场上币值不稳、市场功能萎缩的现象迅速显现。

（3）金融监管一片混乱

民国初年山西在金融监管方面，表现为监管客体复杂多样、监管主体模糊不清、监管规则制度不完善，促使金融机构投机行为常有发生。民国初年，山西民办金融机构势力雄厚、分支错综复杂，遍布山西各个县市，不同系统内业务种类差异甚大；官办金融机构数量较少，但是个个都背景深不可测，各司其主，很难找到一个能权衡二者的管理者。当时没有专门的金融监管机构来做市场筹划以引导市场的发展。没有制定约束金融机构行为的具体的监管规章制度，金融机构在日常经营活动中均以满足自身利益最大化为准则，常常做出一些违背市场规律的行为，使得山西经济雪上加霜。

① 安华，山西转型经济史研究［D］. 山西大学博士学位论文，2012.

总之，民国初年山西金融形势混乱，硬币大量外流造成通货紧缩、利率上升；连年的金融风暴导致大批金融机构倒闭；金融监管毫无章法，助长了投机行为。

5.4.2 阎锡山支持金融先行发展

1917 年 9 月，阎锡山被任命为山西省省长，自此，阎锡山集军政大权于一身，为实现其山西经济社会构想创造了基本条件。阎锡山一上台，便大力抓金融搞经济建设，通过推行创办金融机构、革新金融业务和开拓资本市场等政策措施，使山西成为全国的“模范省”。

阎锡山常说：“金融是经济的核心，掌握了金融，就是掌握了经济命脉。”①他也很赞佩山西票号在满清时代金融界的权威，说：“山西票号在前清的时候，握全国金融的枢纽，我省向福公司赎矿，用银二百七十五万两，七日间便可凑足，信用何等昭著。”②所以，他认为以货币为运营资本的金融的发展决定着经济的发展。于是，阎锡山制定了一系列针对当时恶劣经济金融形势的金融先行发展政策，为促进山西经济发展做出了不小的贡献。

（1）支持创办官办金融机构

先后创办大汉银行和山西官钱局，还有官商合办的晋胜银行和农工银行；1917 年阎锡山任山西省省长后开始推动山西官钱局的改组工作，1919 年 8 月 1 日，改组后的山西省银行在太原市鼓楼街成立。山西省银行起初十年经营得有声有色，业务拓展顺利，经营获利丰厚。后来，阎锡山认为省行不应有私人股本参与，于 1923 年通过现金回购清退了商股，使得山西省银行由“官督商办”转变为“官营民监”，山西省银行成为决定山西经济命脉的重要机构。一方面，统一货币的发行权，加速了资金的流动性和效益性，刺激了商品市场的发展；另一方面，理顺了金融机构错综复杂的关系，找寻到了一家能够真正为山西省未来经济发展贡献一份力量的新式金融机构，并不断完善金融市场体系。

经过不懈的努力，山西省银行在普通业务上占据绝对优势，据《中国实业志》的调查统计，1935 年，机构占 70% 以上；资本占 96% 以上；存款占

① 王尊光、张青樾，阎锡山对山西金融的控制与垄断［Z］. 转引自山西省委员会文史资料研究委员会，山西文史资料，第十六辑，山西人民出版社，1981：2.

② 同上 .

39%；放款占 71%；汇兑业务也占一定的比重。储蓄业务，仅山西省银行总行有 34 万余元，裕华银行太谷分行有 40 余万元，其余都没有储蓄业务。这些数据表明，山西省银行在全省金融活动中，处于垄断型的地位。与此同时，阎锡山大力支持其兼营土地业务、政府金融业务，努力扩大其业务经营范围，为垄断山西省金融业增加筹码，从而直接垄断山西的经济。这时，阎锡山推行金融政策时，以山西省银行作为主力军，再向四周辐射，达到了其顶峰时期。

（2）大力支持民间金融机构

辛亥革命后，票号虽然处于衰落和自然淘汰的状态，但是当铺、钱庄、银号的业务却依然兴旺。

1921 年至 1929 年是当铺的“黄金时代”，到 1929 年，山西的典当行共有 536 家，其中以太谷、平遥、阳曲、祁县、洪洞、大同最多。民国初年钱庄发展速度飞快，据政府农商部统计记载，山西 1912 年有钱庄 412 家，1913 年增至 526 家，1914 年增至 591 家；主要集中在太原、榆次、太谷、平遥、平定、曲沃、安邑、洪洞、临汾、霍县、大同、代县、晋城等地，钱庄势力伸展到全省的大小乡镇。山西银号业兴盛源于民国十年以后，多为股份公司形式，成立资本较大，分支机构以分号形式；据《中国实业志》记载，1912 年山西有银号 9 家，至 1935 年，全省银号发展到 101 家，其中总号 86 家，分号 15 家。①

（3）积极开拓资本市场

阎锡山上任后，引导资金流向，资本市场得到开拓，从而对资源配置发挥导向性作用。一方面，创办农工商业产业的股份公司，支持山西第二次工业化高潮，加快宏观经济发展；另一方面，实行“引进来，走出去”战略，形成垄断性的金融网络体系，为其军事扩张和巩固新军阀势力提供坚强的经济支持。

在工业方面，阎锡山支持大搞工业建设，以投资兴办军事工业企业为主体。为解决钢材与机器的进口依赖，1925 年，阎锡山投资 60 万元创办育才炼钢厂和育才机器厂；1926 年山西军人工艺实习厂划分出无烟药厂、酸厂，组建山西火药厂；1927 年，创办太原兵工厂，其前身是山西陆军修械所和山西军人实习厂，下设 17 个造武器的工厂，配备外国工程师，鼎盛时期员工达一万

---

① 许一友、王振华，太原经济百年史［M］. 太原：山西人民出版社，1994：208，214，255.

多人。当时，太原兵工厂与汉阳兵工厂、沈阳兵工厂并称为全国三大兵工厂。①同时，阎锡山也大力支持民间工业投资，以山西的农业、资源特色为依托，覆盖轻工业与重工业，如面粉厂、纺织厂、火柴厂、发电厂、机械制造厂、矿务局等等。北洋政府时期，三十余个工业企业，投资总额约有1200万元银币。

（4）重视规范金融监管法律法规

辛亥革命后，社会发生了天翻地覆的变化，金融法律规范制度也不断健全和完善。一方面，以董事会、监事会为金融监督组织形式，显示出阎锡山政府民主管理的决心，保障经营决策的正确方向，有利于调动员工的积极性与创新能力，提高了机构的运行效率；另一方面，出台法律规范制度，使金融政策落实规范化、群众监督透明化、政府主导方向明确化，增强了法律约束的作用。

1923年，山西省银行清退商股，使得山西省银行由“官督商办”转变为“官营民监”，这时取消了董事和监察，设置一监理官，由财政厅厅长兼任，监督发行、库存并稽核出纳账簿等事宜。②对于在各地开办的民间金融机构，随着其经营数量越来越多，管理走上正轨，利润十分可观。阎锡山为了防止各商号之间的营私舞弊、商号之内的贪污腐败，特在河边村成立“源记”，让曲清斋、阎长卿和阎福斋三人共同坐镇“源记”，专门稽核各商号的账目和盈亏，并向阎锡山报告。③

山西省银行成立后，印制了两本组织大纲和办事细则。组织大纲说明山西省银行组织性质、经营范围、担负责任等；办事细则说明内部组织情况，各部门所负责任，以及行员练习生等应守规则和应尽义务等。④使得整个银行内部从上到下，分工明确，各司其职，保证日常工作的顺利进行，避免重复劳动，节约劳力成本，更多地为银行创造利润。

民国初年，货币流通混乱，金融市场毫无生气，阎锡山上任后，立即颁布《划一币制暂行规则》、《山西省发领铜元规则》、《山西省长阎颁布发行镍币条例》、《禁止商号私发银元纸币惩罚规则》、《山西省查禁私发纸币规

① 许一友、王振华，太原经济百年史［M］. 太原：山西人民出版社，1994：65.

② 王尊光，张青樾，阎锡山对山西金融的控制与垄断［Z］. 转引自山西省委员会文史资料研究委员会，山西文史资料第十六辑，太原：山西人民山版社，1981：7.

③ 山西省政协文史资料研究委员会、定襄县政协文史资料研究委员会，阎锡山与家乡［J］. 山西文史资料，第六十七辑，太原：山西人民出版社，1990：69.

④ 张正廷：山西省银行片段回忆［Z］. 转引自山西省委员会文史资料研究委员会，山茜文史资料第一O九辑，太原：山西人民出版社，1997：101.

则》、《政府公布禁止携带现款出省办法》等各项法律规范制度。如：1922 年阎锡山以整顿商业为名，不准任何变相纸币流通，一律由晋钞收兑，颁布了《禁止商号私发银元纸币惩罚规则》。规则中详细阐述了规则内容、处罚方法以及实施时间，并且使各种禁令、规则上升到法律约束层面上，也显示出阎锡山政府对此的重视程度，从而统一全省钞票发行权，更加迅速的刺激经济复苏。

5.5 民国时期山西经济工业化转型过程中的金融先导作用

5.5.1 政府主导的强制性金融先导政策作用明显

（1）山西工业化领先于全国

民国时期，山西工业经济的发展速度虽然很快，但主要靠政府扶持和投资，政府在工业化过程中占据主导地位，市场仍未发挥太大作用。官僚资本主义重工业占有很大比重，政府资本投资额占据全省总投资额的 62% 以上，与全国工业化相比，山西处于优势地位。据估计 1933 年全国工业产值为2246600000元，[①]而山西工业的产值则为430257020元，[②]占全国工业产值的 19%左右，比重较大。此外，据巫宝三先生估算，1933 年农业占国民收入的 61%，工农业产值的比例为 3.5∶6.5，其中工业产值估算中并未舍弃手工业产值。同期山西的工农业产值比例为 6∶4，表明山西工业化领先于全国。

（2）有力地保证了大规模经济建设所需要的巨额经费

从 1892 至 1911 年清朝灭亡的将近 20 年间，清政府官办近代工业企业仅太原火柴局、机器局、通省工艺局、印刷局、涑川铜矿公司等 5 家，投放的资金仅 10 万元左右。[③]民办工业企业比较著名的有山西保晋矿物有限公司、太原电灯公司等。民族工业资本总额据 1912 年登记仅为 259.2 万元，相对于山西商人“非百万不称富”的巨额资产来说，工业投资仅是一个很小的数目。

① 巫宝三，中国国民所得（1933）下册［M］. 北京：中华书局民国，1941：162.

② 参见实业部国际贸易局编，中国实业志［M］. 山西省工业第二篇，上海：实业部国际贸易局，1937：88.

③ 张秉权，山西工业基本建设情况［M］. 太原：山西地方志编纂委员办公室，1981：2.

在山西近代工业化发展过程中，由于起点较低，相对积累不足，这就使得经济建设的经费这一“先决事项”难以解决。但是山西省通过“借外债、发公债、由省筹集三者同时并举”，比较有力地保证了大规模经济建设所需要的巨额经费，这是个人或小团体所难以解决的。同蒲铁路之所以能及早动工且进展迅速，钢铁、化学、造纸、水泥等短缺项目之所以能很快补齐或加强，与政府可以利用其强制性和规模经济的优势有着密切的关系。

1911 年辛亥革命至 1930 年的中原大战前后大约 20 年的时间，成为“山西私营资本主义现代工业大发展的‘黄金时期’”①。在以阎锡山为代表的山西官僚资产阶级的操纵下，山西省沿着从金融控制到产业垄断这条国家资本主义发展道路向前迈进，在阎锡山统治山西的 30 多年中，先后办起了金融、商业贸易、工矿、铁路、邮政、电讯等大小六七十个“公营”企业，各种“公营”企事业垄断市场，一定程度上摧残了私营工商业，对山西社会生产力的发展造成阻碍。而且“公营”工矿企业畸形发展，导致了山西工业经济结构的失衡。阎锡山统治山西期间，山西近代工业确实取得大的发展，在钢铁、机械、化学、电力、建材等方面投入了很大资本，但在轻工业建设方面投入相当至少，人为地造成了山西工业不合理的结构格局，而且这种格局也在一定程度上影响到随后的经济发展。

（3）大力支持了山西全面工业化转型发展

从 1912 年辛亥革命成功至 1937 年抗日战争全面爆发，短短 26 年间，山西工业发展由辛亥革命前的初始阶段，开始向多门类、多行业发展，逐步形成了以军事工业、采煤业、纺织业、冶铁制造业为主，向诸如火柴业、电力业、面粉业以及其他轻工业辐射的格局。其工业实力一跃而称雄全国，其重工业建设到抗战前，已然居于全国首位。②之所以能取得如此显著的成绩，能够快速实现由商业向工业的转型，山西省政府利用其优势干预和推动制度变迁起到了十分重要的作用。也就是说，政府主导的强制性金融先导策略对民国时期山西工业化转型发展发挥了主要作用。

---

① 景占魁，阎锡山与西北实业公司［M］. 太原：山西经济出版社，1991：20.

② 吴文蔚，阎锡山传［M］. 台北：台北出版社，1982：369.

5.5.2 金融先导为金融市场创造良好的投资运行环境

一定条件下，政府可以通过政策改革为经济发展创造必要的金融环境。一方面，通过构建完善的金融体系，创造一个高投资回报率的市场环境，使得各金融机构在一个公平、公正、透明的大环境下运行，减少了摩擦成本，更有利于金融机构的投资运作；另一方面，通过完善金融法规制度，创造良好的服务环境，提高资金的流动速度，降低资金成本，引导投资者发现投资机会，从而提高资金的经济效益。

5.5.3 金融先导发挥资源配置最优化功效

金融先导能够通过政府聚拢社会上闲散的资金，合理配置金融资源，发挥其最优化功效。在金融市场上，金融机构通过存款、股权、债券等形式吸收人们手中闲散的资金，把货币转为资本，一方面直接放贷给需要解决资金短缺问题的企业，使其增加了流动资金，恢复生产，有利于商品流通；另一方面间接投入到生产再投资中去，有利于增大生产规模，更新生产技术，更有力地促进商品生产与流通。总的来说，不论哪一种方式，都能更好、更快地推动经济快速发展。

5.5.4 金融先导促进多方面金融创新

金融先导能够通过政府促使市场创造新型金融机构、信用工具、资本业务，以拉动商品市场的生产与流通。在经济相对滞后的社会中，无论是金融机构、信用工具，还是资本业务都是相对滞后的。如果政府能够出面做推手，主动引导市场创造新型金融机构、信用工具、资本业务，如阎锡山开办山西省银行，统一货币的发行权，借助银行的信用，发行晋钞，使得政府能够通过少量的资本获取大量资金运作，从而扩大商品的交易规模，突破地域的局限，使得国民经济发展走上正确的道路。

5.5.5 金融先导有利于促进产业结构优化

金融先导能够通过政府引导优先发展新兴金融业，通过金融业发展促进产业发展，以此来优化产业结构。金融业与产业的关系一直都是相辅相成的，金融业的发展为产业的发展提供强有力的物质基础，而产业的发展能够更好的提升金融业的发展。所以说，政府引导优先发展新兴金融业，能够使得社会上的闲置金融资源充分的利用起来，使资金短缺的部门得到配置，扩大生产规模，满足产业发展的需求，使优质产业得到推动。

5.6 本章小结

1、民国时期，政府通过充分的鼓动宣传和制定一系列优惠政策，促使中国经济获得可观增长，并促进中国经济向全面工业化转型。

2、民国时期，货币制度进一步完善；金融机构推陈出新，由原来的以票号、钱庄、外资银行为主的金融机构格局逐步演化为由新式银行、钱庄和外资银行分担金融功能的新局面。并进而推动中国经济向全面工业化转型。

3、民国时期，山西经济从轻工业、重工业、矿业与铁路交通等方面向全面工业化演化转型，尤为重要的是，阎锡山制定了一系列金融先行发展政策，为促进山西经济发展做出了不小的贡献。

4、民国时期，山西经济工业化转型过程中，政府主导的强制性金融先导政策作用明显：金融先导为金融市场创造良好的投资运行环境、金融先导发挥资源配置最优化功效、金融先导促进多方面金融创新、金融先导有利于促进产业结构优化。

第 6 章　结论与展望

6.1 结论

按照古典经济学的经济发展基本模型：Y=f（L，K，Q，T），（Y 代表产出，L 代表土地，K 代表资本，Q 代表劳动力，T 技术）。按照现代的观念，我们可以认为L代表自然资源，K代表金融，Q代表劳动力，T代表生产技术。在这个模型中，L 对于一个区域来说是不能改变的，Q、T 是可以改变的，但是较缓慢，且有条件。要在短期内改变，最可能的就是 K——金融，而关于金融的改变也是当前政府能够做到的。所以，本书从金融的角度对山西历史上的三次经济转型进行了研究。发现金融在历次经济转型中都具有先导作用。

明清时期，中国经济的发展带来商品交易需求的扩大，同时通过金融革命，金融货币业的革命性巨变，极大地刺激了国内工商贸易以及国际贸易大发展，形成了银本位货币时代中国在国际贸易格局上举足轻重的地位，而这正是金融先导理论在历史时期发挥作用的有力证据。但历史的演绎也同时证明金融先导既有政府的先导，同时也有市场的先导。政府的先导在明清有关朝政政策调整、放松对商业的课税及金融贸易限制方面已有明确的线索，而市场性金融先导则通过对金融信用的发展、金融促进国内国际贸易格局的形成、增量增效金融服务、货币世界流动格局、金融资源的配置等诸多方面表现出来。

清末山西经济开始向工业化转型，山西近代工业发展发轫于 19 世纪末，到 20 世纪初期得到快速发展，现代工业体系得以初步建立。山西工业化经历了“国资启动——民族资本主义——官僚资本主义”的过程，最终走向了从金融控制到产业垄断这条国家资本主义发展道路。清末山西金融的发展以票号的繁荣为显像。金融先导推动了山西工业革命的初始发展，金融先导的导向决定了这一时期的山西经济的产业结构。可以说，金融对经济发展的推动作用有，但是不充足，并没有很好地推动产业革命和工业化。主要是金融资本逐步脱离实体经济，没有很好地融入生产、流通中，尤其没有很好地融入生产中。票号鼎盛期开始，实质上是金融逐渐脱离生产领域、流通领域的开始，导致山西省内经济金融支持力度减弱。尤其是山西票号成为实际上的清政府财政部门之后，资本进一步脱离生产、流通领域。

民国时期，山西经济从轻工业、重工业、矿业与铁路交通等方面向全面工业化演化转型，尤为重要的是，阎锡山制定了一系列金融先行发展政策，为促进山西经济发展做出了不小的贡献。在这次山西经济工业化转型过程中，政府主导的强制性金融先导政策作用明显：金融先导为金融市场创造良好的投资运行环境、金融先导发挥资源配置最优化功效、金融先导促进多方面金融创新、金融先导有利于促进产业结构优化。

通过对山西历史上三次经济转型发展的分析、研究，得出结论：金融在经济发展过程中，尤其是经济转型发展过程中具有先导作用。但是，依据行使先导职能的主体的不同，金融先导分为自由市场经济下的民间的金融先导和政府的金融先导。这两种金融先导对经济的作用是不同的。在明清时期商业化转型过程中和清末初步工业化转型过程中，行使金融先导职能的是民间金融。但在当时民间金融实力较弱，又没有合适的经济、金融政策环境下，对经济的先导作用不是很明显。在民国时期，山西经济进行全面工业化转型过程中，行使金融先导职能的是政府金融。在阎锡山大力推动金融创新、金融先行的经济和金融政策主导下，金融对经济转型发展的效果是明显的，成绩也是显著的。

6.2 金融先导理论的拓展与展望

6.2.1 金融先导理论的拓展

金融先导理论是我国著名金融学家孔祥毅先生提出的。过去提到金融先导往往狭义地认为就是政府主导的积极的财政政策及扩张的货币政策，或政府主导下的金融投资。通过历史的研究分析，我们发现金融先导的内涵应该扩大，它应该包含：自由市场经济主导下的自发的金融先导与政府主导下的人为的金融先导。

按照系统学理论，一个系统的演化必然有动力的驱动。根据驱动力的来源不同可以将导致系统演化的原因分为内因和外因，来自系统内部的称为内因，来自外部环境的称为外因，内因外因的区分没有绝对的标准。一般认为，在一定条件下，外部环境的变动、外部的干扰会起重要作用；但归根到底，外因只有通过系统的内因才能起作用。

如果把一个经济体作为一个系统来看待的话，自由市场经济主导下的自发的金融先导就是这个经济体演化转型的内驱动力，政府主导下的人为的金融先导就是外驱动力。这两种经济动力对经济系统作用的力度、时机是不同的。自由市场经济中的金融资本具有天然的趋利避害的本能，它对经济中的新兴产业、创新技术往往由于前景不明朗的原因而很少涉足。所以，当经济面临旧的发展模式增长乏力，需要进行经济转型的时候，它往往是从经济中抽身而去，加剧经济的衰退。那么，这个时候就需要政府主导的金融先导战略的出场。政府负有稳定经济、发展经济的职责，它的资本的投入不是考虑短期的盈亏，而更加注重社会长期效益。按照以上所说的“在一定条件下，外部环境的变动、外部的干扰会起重要作用；但归根到底，外因只有通过系统的内因才能起作用”，最终推动经济升级转型的是自由市场经济主导下的自发的金融先导，但是如果没有政府主导的金融先导的开疆拓土，在新兴产业前景明朗、盈利稳定的局面出现之前，市场金融是不会立即进入的。当然，即使没有政府的金融先导，作为内因的自由市场经济中的资本最终也会逐步地推动经济演化发展的。就像明清时期山西经济缓慢地由农牧经济向商业经济转型。由此看来，以前的学者强调政府主导的金融先导不无道理。

6.2.2 展望

从清末洋务运动后继乏力，并没有使山西的经济实现完全意义上的工业化，以及民国时期山西工业化转型由于通货膨胀而不可持续的历史来看，单纯地强调政府的金融先导，必将导致金融对经济的推动后继乏力，经济转型无法顺利进行。所以，今后对两种金融先导如何协调配合，共同推动经济发展的研究还需要深入下去。

山西作为典型的资源型经济地区，发展不平衡、不协调、不可持续的问题非常突出，面临着经济转型的紧迫局面。山西省政府实施金融先导战略已是不二选择。在采取政府主导的金融先导战略之前，有几个方面需要探讨：首先，经济发展到什么阶段、处于什么情况下，需要政府采取金融先导战略？其次，政府实施金融先导战略，切入点如何选取？政府主导的产业发展方向如何确定？最后，经济发展到什么程度，政府的金融先导战略逐步退出，自由市场经济主导的金融先导进入？这些问题的研究、探索将有利于在现代经济、金融条件下，更好地推动山西经济转型发展。

参考文献

［1］中央编译局，马克思恩格斯全集（第一卷）［M］. 北京：人民出版社，1960.

［2］高建民，走出能源基地和老工业基地创新发展的路子［M］. 太原：山西人民出版，2008.

［3］周建军，山西：亟待破解的“资源诅咒”［J］. 中国改革，2007（3）.

［4］董继斌，能源经济论［M］. 太原：山西经济出版社，2002.

［5］国家统计局国民经济综合统计司编，新中国六十年统计资料汇编［Z］. 北京：中国统计出版社，2010.

［6］张复明，资源型经济：理论解释、内在机制与应用研究［D］. 山西大学博士论文，2007.

［7］［美］道格拉斯·诺思，经济史中的结构与变迁［M］. 上海：上海三联书店，1994.

［8］严中平主编，中国近代经济史（1840—1894）［M］. 北京：人民出版社，1989.

［9］胡愈越，买办新论［J］. 中国经济史研究，1995（2）.

［10］陶有伦，试论早期买办阶级在中国近代史上的地位［J］. 安徽史学，1995（3）.

［11］吴承明，中国近代经济史若干问题的思考［J］. 中国经济史研究，1988（2）.

［12］许涤新、吴承明主编，中国资本主义发展史（第二卷）［M］. 北京：人民出版社，1990.

［13］彭信威，中国货币史［M］. 上海：世纪出版集团上海人民出版社，2007.

［14］孔祥毅，山西货币商人在对外贸易中的贡献［A］. 金融贸易史论［M］. 北京：中国金融出版社，1998.

［15］后志刚，外国白银内流中国问题探讨［D］. 复旦大学历史学博士学位论文.

［16］孔祥毅，金融贸易史论［M］. 北京：中国金融出版社，1998.

［17］孔祥毅，孔祥毅文集（六、七、八）［C］. 北京：经济管理出版社，2016.

［18］滨下武志，中国、东亚与全球经济［M］. 北京：社会科学文献出版社，2009.

［19］N.Horesh，Shanghai’s Bund and Beyond：British Banks，Banknote Issuance，and Monetary Policy in China，1842-1937，Yale：Yale University Press，2009.

［20］杜恂诚，金融制度变迁史的中外比较，第一章［M］. 上海：上海社会科学出版社，2004.

［21］山西省史志研究院编，山西通史［M］. 太原：山西人民出版社，2001.

[22] 徐月文主编，张郑生等撰，山西经济开发史 [C]. 太原：山西经济出版社，1992.
[23] 黎风，山西古代经济 [M]. 太原：山西经济出版社，1997.
[24] 山西煤炭工业志编委会，山西煤炭工业志 [Z]. 北京：煤炭工业出版社，1991.
[25] 乔志强，山西制铁史 [M]. 太原：山西人民出版社，1978.
[26] 温泽先主编，山西科技史·上部·石器时代至20世纪中叶 [M]. 太原：山西科学技术出版社，2002.
[27] 张荷编著，晋水春秋——山西水利史述略 [M]. 北京：中国水利水电出版社，2009.
[28] 阎元锁主编，山西财政史 [M]. 太原：山西人民出版社，2005.
[29] 张正明，晋商兴衰史 [M]. 太原：山西古籍出版社，1995.
[30] 刘建生，刘鹏生等，晋商研究 [M]. 太原：山西人民出版社，2005.
[31] 黄鉴晖，明清山西商人研究 [M]. 太原：山西经济出版社，2002.
[32] 吴光炳主编，转型经济学 [M]. 北京：北京大学出版社，2008.
[33] M .P. Van Der Hoek, Does the Dutch Model Really Exist ? International Advances in Economic Research, vol.6, no.3, 2000.
[34] M. Woolcock, L. Pritchett, and J. Isham, The Social Foundations of Poor Economic Growth in Resource-Rich Countries.
[35] E. Matsen, R Torvik, Optimal Dutch Disease, Journal of Development Economics, vol.78, 2005.
[36] 武春友、叶瑛，资源型城市产业转型问题初探 [J]. 大连理工大学学报（社会科学版），2000（09）.
[37] 郭海荣、付一静，论创新与资源型区域经济持续发展 [J]. 太原师范学院学报（社会科学版），2003（06）.
[38] 徐康宁、王剑，自然资源丰裕程度与经济发展水平关系的研究 [J]. 经济研究，2006（1）.
[39] 张复明，资源型经济：理论解释、内在机制与应用研究 [D]. 山西大学博士学位论文，2007.
[40] 黄溶冰，资源型经济摆脱“资源诅咒”的财政调节机制 [J]. 现代经济探讨，2008（11）.
[41] 赵谦、黄溶冰，资源型城市经济转型的产业政策分析 [J]. 学术交流，2009（03）.
[42] 李德升，“资源诅咒”存在性考察及相关财政政策选择探析 [J]. 云南社会科学，2012（03）.
[43] 马克思，资本论（第二卷）[M]. 北京：人民出版社，1975，393、马克思·资本论（第三卷）[M]. 北京：人民出版社，1975.
[44] [美] 熊彼特著，孔伟艳等编译，经济发展理论 [M]. 北京：北京出版社，2008.
[45] [英] 卡萝塔·佩蕾丝，技术革命与金融资本——泡沫与黄金时代的动力学 [M]. 田方萌，胡叶青等译，北京：中国人民大学出版社，2007.

[46] 吴承明，经济学理论与经济史研究 [J]. 经济研究，1995 (4).
[47] [美] 约瑟夫·熊彼特，经济分析史 (第一卷) [M]. 北京：商务印书馆，1991.
[48] Avner.Greif，Economic History and Game Theory：a Survey.Working Paper，Stanford University，1997.
[49] 孔祥毅，孔祥毅文集 (八) [C]. 北京：经济管理出版社，2016.
[50] 苗东生，系统科学精要 [M]. 北京：中国人民大学出版社，1998.
[51] [波] 彼得·什托姆普卡，林聚任等译，社会变迁的社会学 [M]. 北京：北京大学出版社，2011.
[52] 吴义生，系统科学概论 (修订本) [M]. 北京，中共中央党校函授学院，1992.
[53] 刘维奇，金融复杂性与中国金融效率 [M]. 山西大学博士学位论文，2008.
[54] 崔满红，金融资源理论研究 [M]. 中国财政经济出版社，2002.
[55] 王其藩，系统动力学 [M]. 北京：清华大学出版社，1994，21；又见王其藩，系统动力学 [M]. 上海：上海财经大学出版社，2009.
[56] 严中平，科学研究方法十讲 [M]. 北京：人民出版社，1986.
[57] 李龙潜，明清经济史 [M]. 广州：广东高等教育出版社，1988.
[58] 孔祥毅，孔祥毅文集 (八) [C]. 北京：经济管理出版社，2016.
[59] 刘佛丁主编，中国近代经济发展史 [M]. 北京：高等教育出版社，1999.
[60] [英] 约翰·希克斯著，厉以平译，经济史理论 [M]. 北京：商务印书馆，1987.
[61] 孔祥毅，“明清中国金融革命及其货币商人”之一：明清中国金融革命的背景与标志 [J]. 金融博览，2009 (2).
[62] 张献和，金融先导论 [J]. 社会科学辑刊，1996，(2).
[63] 张建华，郗璟，略论金融先导与中国金融发展战略的选择 [J]. 中南民族学院学报 (人文社会科学版)，2001 (1).
[64] 郑日在，对金融先导论的反思 [J]. 网络财富，2010 (5).
[65] 中国人民银行山西省分行，山西财经学院金融史编写组编，阎锡山和山西省银行 [Z]. 北京：中国社会科学出版社，1980.
[66] 纪馨芳、孔祥毅等编著，三晋经济论衡 [M]. 北京：中国商业出版社，1993.
[67] 明史 (卷 81)，志第 57，食货五 [Z].
[68] 明世宗实录 (卷 46) [Z]. 隆庆四年六月庚申.
[69] 吴慧主编，中国商业通史 (第 4 卷) [M]. 北京：中国财政经济出版社，2008.
[70] 清世祖实录 (卷 54)，顺治八年闰二月乙卯.
[71] 清朝文献通考 (卷 26)，征榷 [Z].
[72] 大清律例 (卷 15)，户律·市廛 [Z].
[73] 明代律例汇编 (卷 10)，户律七·市廛，“私充牙行埠头”条所附 [Z].
[74] 张海英，明中叶以后“士商渗透”的制度环境——以政府的政策变化为视角 [J]. 中国经济史研究，2005.

［75］方行、经君健、魏金玉主编，中国经济通史·清代经济卷［M］. 经济日报出版社，2000.
［76］冯桂芬，显志堂稿（卷九）［Z］.
［77］明经世文编（卷三六O）［Z］.
［78］明史（卷二五六），毕自严傅［Z］.
［79］李龙潜，明清经济史［M］. 广州：广东高等教育出版社，1988.
［80］清朝文献通考（卷一）［M］.
［81］清朝通典（卷一）［Z］.
［82］清朝 1 通典（卷一）［Z］.
［83］清世祖实录（卷一 O 九）［Z］.
［84］古今图书集成，食货典，田制部［Z］. 中华书局影印本第 681 册.
［85］李龙潜，明清经济史［M］. 广州：广东高等教育出版社，1988.
［86］光绪大清会典事例（卷一四一）［Z］.
［87］元王帧，农书（卷二一）［Z］.
［88］明 徐光启，农政全书（卷三五），蚕桑广类［Z］.
［89］明 宋应星，天工开物（卷二），乃服［Z］.
［90］崇帧吴县志（卷二九）［Z］.
［91］天工开物（卷五），并盐［Z］.
［92］光绪重纂江宁府志（卷一五），拾补［Z］.
［93］同治上江两县志（卷七），食货考［Z］.
［94］李龙潜，明清经济史［M］. 广州：广东高等教育出版社，1988.
［95］李龙潜，明清经济史［M］. 广州：广东高等教育出版社，1988.
［96］张文忠公全集·文集（卷八），赠水部周汉浦榷竣还朝序［Z］. 转引自：明清经济史［M］.
［97］清圣祖仁皇帝圣训（卷二）［Z］.
［98］清圣祖仁皇帝圣训（卷四六）［Z］.
［99］东华录（康熙卷二八）［Z］.
［100］清圣祖实录（卷一四）［Z］.
［101］清圣祖实录（卷一八）［Z］.
［102］李梦阳，空同先生集（卷 44），明故王文显墓志铭［Z］.
［103］清圣祖仁皇帝圣训（卷五三），弘制度一［Z］.
［104］张瀚，松窗梦语（卷 4），转引自傅衣凌，明清社会经济变迁论［M］. 北京：人民出版社，1989（01）.
［105］李龙潜，明清经济史［M］. 广州：广东高等教育出版社，1988.
［106］伟大的中国革命［M］. 世界知识出版社，2000.
［107］清徐阿，清稗类钞（第五册），农商类（Z）.

［108］清高宗实录（卷一二五七）［Z］. 乾隆五十一年六月庚寅.
［109］汪喜孙，（姚司马德政图叙），从政录卷二［Z］.
［110］参见光绪两淮盐法志（卷一五七），杂记门［Z］.
［111］吴承明，中国的现代化：市场与社会［M］. 上海：三联书店，2001.
［112］李华，明清以来北京的工商业行会［J］. 历史研究，1978（4）.
［113］李华，明清以来北京工商会馆碑刻选编［Z］.
［114］吕作燮，试论明清时期会馆的性质和作用［A］. 中国资本主义萌芽问题论文集［C］. 江苏人民出版社，1983.
［115］李华，阴清以来北京工商会馆碑刻选编［A］. 北京：文物出版社，1980.
［116］上海博物馆图书资料室，上海碑刻资料选辑［C］. 上海：上海人民出版社，1980.
［117］吕作燮，试论明清时期会馆的性质和作用［A］. 中国资本主义萌芽问题论文集［C］. 江苏人民出版社，1983.
［118］道光 佛山忠义乡志卷五，乡俗志［Z］.
［119］李华，明清以来北京工商会馆碑刻选编［Z］.
［120］孔祥毅，孔祥毅文集（第七册）［C］. 经济出版社，2016.
［121］高德步、王钰，世界经济史［M］. 北京：中国人民大学出版社，2001. 第二版.
［122］黄鉴晖，明清山西商人研究［M］. 山西经济出版社，2002.
［123］山西财经学院、人民银行山西省分行：山西票号史料［Z］. 山西人民出版社，1990.
［124］《孔祥毅文集》第七册［C］. 经济出版社，2016.
［125］孔祥毅，山西票号与中国商业革命［J］. 金融研究，2002（8）；又见票号的产生及金融创新［J］. 中国金融，2003.
［126］嘉定，赤城志，37，风土门・土俗・重本业［Z］.
［127］戴金，皇明条法事类纂［Z］. 卷 42，北京：科学出版社，1994.
［128］李维祯纂修，万历山西通志［Z］. 卷 6，明万历年间修，崇祯二年刻本.
［129］谢肇淛，五杂俎［Z］. 卷 4，地部二，北京；中华书局，1959.
［130］刘士铭修，王露纂，朔平府志，方舆志・风俗［Z］. 清雍正十一年刻本.
［131］明实录卷 558［Z］. 万历四十五年六月丙申.
［132］刘士铭修，王露纂，朔平府志. 赋役税课［Z］. 清雍正十一年刻本.
［133］李培谦，阎士壤，阳曲县志. 舆地图下［Z］. 清道光二十三年葛英繁刻本.
［134］乔南，清代山西经济集聚论［M］. 北京：经济管理出版社，2008.
［135］李培谦，阎士壤，阳曲县志. 舆地图下［Z］. 清道光二十三年葛英繁刻本.
［136］郭晋修，管粤秀纂，太谷县志. 序［Z］. 清乾隆六十年刻本.
［137］安恭己等修，胡万凝纂，太谷县志. 序［Z］. 民国二十年铅印本.
［138］言如泗修，熊名相、吕滥纂，解州安邑县运城志［Z］. 疆域乾隆二十九年刻本.
［139］言如泗修，熊名相、吕滥纂，解州安邑县运城志. 风俗［Z］. 乾隆二十九年刻本.
［140］蒋北奎，河东盐法各览，坐商门・附盐丁颠末［Z］. 乾隆五十五年刻本.

［141］言如泗修，熊名相、吕滥纂，解州安邑县运城志．风俗［Z］．乾隆二十九年刻本．

［142］黄鉴晖，明清山西商人研究［M］．太原：山西经济出版社，2002.

［143］杨唆修，李中自、周再熏纂，潞安府志，地理四·气候·物产［Z］．清顺治十六年刻本．

［144］朱樟修，田嘉毅纂，泽州府志．物产［Z］．清雍正十三年刻本．

［145］杨唆修，李中自、周再熏纂，潞安府志，地理四·气候·物产［Z］．清顺治十六年刻本．

［146］张淑群，姚学瑛等修，姚学甲等纂，潞安府志卷 9［Z］．清乾隆三十五年刻本．

［147］彭泽益，中国近代手工业史资料［M］．北京：中华书局，1962.

［148］王锡纶，怡青堂文集·晋省贫富强弱策［M］．卷 3.

［149］徐昭俭修，杨兆泰纂，新绛县志生业［Z］.1929 年铅印本．

［150］黄鉴晖，明清山西商人研究［M］．太原：山西经济出版社，2002.

［151］阿·马·波茨德涅耶夫，蒙古及蒙古人［Z］．刘汉明、张梦玲、卢龙译，内蒙古人民出版社，1989.

［152］陈篆，蒙事随笔［M］．转引自张正明：明清晋商资料选编，太原：山西人民出版社，1989.

［153］李廷玉，游蒙日记［M］．闰四月初九日，清光绪三十二年，中国社会科学院中国边疆史地研究中心编，全国图书馆文献缩复制中心出版，1990.

［154］胡文晔：顺治，云中郡志卷 2［Z］．大同市地方志办公室，1998.

［155］万全县志［Z］．民国 23 年铅印本，中国地方志民俗资料汇编，书目文献出版社，1995.

［156］何秋涛，朔方各乘卷［Z］．光绪七年刊本．

［157］张正明，晋商兴衰史［M］．太原：山西古籍出版社，1995.

［158］刘建生，刘鹏生等，晋商研究［M］．太原：山西人民出版社，2005.

［159］中国人民银行山西分行、山西财经学院，山西票号史料［Z］．太原：山西经济出版社，2002.

［160］唐文基主编，16.18 世纪中国商业革命［M］．北京：社会科学文献出版社，2008.

［161］孔祥毅，山西商人对中国商业革命的贡献［J］．山西财经大学报，2002（6）.

［162］吴承明，论清代前期我国国内市场［M］．历史研究，1983（1）.

［163］刘静山，祁县乔家在包头的复字号［M］．山西文史资料第 6 辑．

［164］清徐珂，清稗类钞［M］.

［165］魏宗禹，晋阳人文精神［M］．太原：山西古籍出版社，2003.

［166］孔祥毅文集，卷八之明清金融革命及其货币商人［A］．北京：经济出版社，2016.

［167］叶世昌，中国金融史［M］．北京：中国金融出版社，2002.

［168］清高宗实录［M］．卷一．

［169］黄鉴辉，中国典当业史［M］．太原：山西人民出版社，2006.

［170］黄鉴晖，中国典当业史家数统计表［M］. 太原：山西人民出版社，2006.
［171］孔祥毅，金融史话［J］. 中国金融，2010，12 期、15 期、18 期.
［172］山西财经大学、人民银行山西分行，山西票号史资料［M］. 山西人民出版社，1990.
［173］祁寯藻语.
［174］孔祥毅，明清中国金融革命及其货币商人”之一，明清中国金融革命的背景与标志［J］. 金融博览，2009（2）.
［175］李燧，李宏龄，晋游日记［M］. 太原：山西人民出版社，1989.
［176］山西财经大学晋商研究院编［M］. 晋商与中国商业文明，北京：经济管理出版社，2008.
［177］清档，翰林院侍读学士宝钧［Z］. 咸丰三年三月十四日奏折.
［178］大公报［J］.1904–11–28.
［179］黄鉴晖，山西票号史料（修订本）［M］. 太原：山西经济出版社，2002.
［180］孔祥毅，中国银行业的先驱：钱铺钱庄银号［J］. 中国金融，2010，（12）.
［181］彭信威，中国货币史［M］. 上海：上海人民出版社，2007.
［182］山西票号史料编写组，山西票号史料（增订本）［M］. 太原：山西经济出版社，2002.
［183］孔祥毅，中国银行业的先驱：钱铺钱庄银号［M］. 中国金融，2010，（12）.
［184］叶世昌，中国金融史［M］. 中国金融出版社，2002.
［185］《清高宗实》卷 1.
［186］明・陆世仪，论钱币［M］. 载自《皇朝经世文编》卷五二.
［187］明・钱炳镫［M］. 田间文集，卷七，钱钞议.
［188］王雪农 刘建民 达津，中国山西民间票帖［J］. 中国钱币 1991，1，（总 64）.
［189］李光庭，乡言解颐［M］. 卷四.
［190］刘建民等，中国山西民间票贴系列之三［J］. 中国钱币 1999.
［191］清代归化城有宝丰社［M］. “银钱两业遂占全市之重心，而操其计盈，总握齐权，为百业周转之枢纽者”.
［192］张国辉，晚清钱庄和票号研究［M］. 北京：社会科学文献出版社，2007.
［193］王爱民，论票号与钱庄在中国近代资金清算中之作经济问题［J］.1998.
［194］孔祥毅，1883 年金融危机中的钱庄与票号（下）［M］. 山西财经大学学报，2000.
［195］范椿年，山西票号之组织沿革［J］. 中央银行月报，1925，4（1）.
［196］申报 1897 年 3 月 3 日公议中国银行大概章程［Z］.
［197］天津市面要议［J］. 中外日报，1903–10–09.
［198］中国通商银行档案，1897 年 11 月 30 日，转自李一翔，近代中国银行与钱庄关系研究［M］. 学林出版社，2005.
［199］张国辉，中国金融通史［M］. 中国金融出版社，2003.
［200］高海燕，近代外国在华洋行、银行与钱庄［J］. 浙江大学学报社科版，2003.

[201] 中国人民银行上海市分行编：上海钱庄史料 [Z]. 上海人民出版社，1960.
[202] 北华捷报，1978-08-17.
[203] 申报，1884-01-12.
[204] 马克思，资本论 [M]. 第三卷.
[205] 绥远通志稿 [M].
[206] 孔祥毅，金融贸易史论 [M]. 中国金融出版社，1998.
[207] 彭信威，中国货币史 [M]. 世纪出版集团上海人民出版社，2007.
[208] 刘秋根、柴英坤，明清的钱铺、钱庄与银号 [J]. 石家庄学院学报，2010.
[209] 郑铁生，金瓶梅与白银货币化 [J]. 明清小说研究，2007 (4).
[210] 晋商与金融史论 [M].
[211] 吴慧，中国古代商业史 [J]. 第一辑转引自黎风，山西古代经济.
[212] 燕红忠，清史研究 [M].2008.
[213] 中国近代货币史资料 [M]. 第 1 辑.
[214] 全汉升，明清经济史研究 [M]. 台北：联经出版事业公司，1987.
[215] 仲伟民，茶叶与鸦片：十九世纪经济全球化中的中国 [M]. 生活. 读书. 新知三联书店，2010.
[216] 方行、经君健、魏金玉主编，中国经济通史 [M]. 清代经济卷，经济日报出版社，2000.
[217] 孔祥毅文集之论金融先导 [M].286 页，经济出版社，2016.
[218] 明・陆世仪，论钱币 [M]. 载自皇朝经世文编卷五二.
[219] 明・钱炳镫，田间文集卷七. 钱钞议 [M].
[220] 绥远通志 [M].
[221] 马克思恩格斯选集第 1 卷 [M]. 北京：人民出版社，1995.
[222] 李文忠公全书 [M]. 译署函稿，卷 3，18.
[223] 李文忠公全书 [M]. 译署函稿，卷 3，18.
[224] 许涤新、吴承明主编，中国资本主义发展史（第二卷）[M]. 北京：人民出版社，1990.
[225] 许涤新、吴承明主编，中国资本主义发展史（第二卷）[M]. 北京：人民出版社，1990.
[226] 刘佛丁主编，中国近代经济发展史 [M]. 高等教育出版社，1999.
[227] 吴承明，中国资本主义与国内市场 [M]. 北京：中国社会科学出版社，1985.
[228] Albert Feuerwerker, The State and the Economy in Late Imperial China, Theory and Society, 1984 (3).
[229] 吴承明，中国资本主义与国内市场 [M]. 北京：中国社会科学出版社，1985.
[230] 许涤新，吴承明，中国资本主义发展史第一卷：中国资本主义的萌芽 [M]. 北京：人民出版社，1985.

[231] 吴承明，中国资本主义与国内市场 [M]. 北京：中国社会科学出版社，1985.
[232] 全汉升，明清经济史研究 [M]. 台北：联经出版事业公司，1987.
[233] 许涤新，吴承明，中国资本主义发展史第一卷：中国资本主义的萌芽 [M]. 北京：人民出版社，1985.
[234] [美] 郝延平，陈潮等译，中国近代商业革命 [M]. 上海：上海人民出版社，1991.
[235] 吴承明，中国资本主义与国内市场 [M]. 北京：中国社会科学出版社，1985.
[236] 方行，经君健，魏金玉，中国经济通史：清代经济卷 [Z]. 北京：经济日报出版社，2000.
[237] 傅衣凌，明清社会经济变迁论 [M]. 北京：中华书局，2007.
[238] 方行，经君健，魏金玉，中国经济通史：清代经济卷 [M]. 北京：经济日报出版社，2000.
[239] 英国从中国进口的货物 80% 以上为茶叶，而茶叶又以武夷茶为大宗，如 1786 年武夷茶占茶叶贸易的 48%，1805 年占 75%，1833.
[240] 武夷山市志编纂委员会，武夷山市志 [Z]. 北京：中国统计出版社，1994.
[241] 许涤新，吴承明，中国资本主义发展史第一卷：中国资本主义的萌芽 [M]. 北京：人民出版社，1985.
[242] 王业健，程麟荪译，上海钱庄的兴衰 [J]. 上海经济研究，1982 (4).
[243] 李伯重，十九世纪初期中国全国市场：规模与空间结构 [J]. 浙江学刊，2010 (4).
[244] 范植清，鸦片战争前汉口镇商业资本的发展 [J]. 中南民族大学学报（哲学社会科学版），1982 (2).
[245] I- chun Fan，Long – distance trade and market integration in the Ming – Qing period 1400–1850，Ph.D.Dissertation，Stanford University，1992.
[246] 许涤新，吴承明，中国资本主义发展史第一卷：中国资本主义的萌芽 [M]. 北京：人民出版社，1985.
[247] 山西票号史料编写组，山西票号史料（增订本）[M]. 太原：山西经济出版社，2002.
[248] 孔祥毅，金融贸易史论 [M]. 北京：中国金融出版社，1998.
[249] 山西票号史料编写组，山西票号史料（增订本）[M]. 太原：山西经济出版社，2002.
[250] 戴建兵，陈晓荣，中国货币金融史 [M]. 石家庄：河北教育出版社，2006.
[251] 张正明，张舒，晋商兴衰史 [M]. 太原：山西经济出版社，2010.
[252] 孙建华，近代中国金融发展与制度变迁 [M]. 北京：中国财政经济出版社，2008.
[253]《山西票号史料》编写组，山西票号史料（增订本）[M]. 太原：山西经济出版社，2002.
[254] 钱薇，旧上海的票号业 [J]. 上海地方志，1994 (2)，http：//www.shtong.gov.cn/.
[255] 洪葭管，中国金融史 [M]. 成都：西南财经大学出版社，2001.

［256］答暨阳居士采访沪市公司情形书，申报［N］.1884.
［257］洪葭管，中国金融史［M］. 成都：西南财经大学出版社，2001.
［258］孔祥毅，金融贸易史论［M］. 北京：中国金融出版社，1998.
［259］洪葭管，中国金融史［M］. 成都：西南财经大学出版社，2001.
［260］段光清，镜湖自撰年谱［M］. 北京：中华书局，1960.
［261］洪葭管，中国金融史［M］. 成都：西南财经大学出版社，2001.
［262］竺菊英，上海金融风潮原因再探［J］. 学术月刊，1990（12）.
［263］北华捷报，1858-06-12.
［264］北华捷报，1862-03-01.
［265］洪葭管，中国金融史［M］. 成都：西南财经大学出版社，2001.
［266］中国人民银行上海市分行，上海钱庄史料［M］. 上海：上海人民出版社，1960.
［267］魏格尔：《中国金融论》［J］. 上海：字林西报，1914.
［268］汪敬虞，十九世纪外国在华金融活动中的银行与洋行［J］. 历史研究，1994（1）.
［269］孙建华，近代中国金融发展与制度变迁［M］. 北京：中国财政经济出版社，2008.
［270］洪葭管，中国金融史［M］. 成都：西南财经大学出版社，2001.
［271］黄鉴晖，也谈山西票号和上海钱庄的性质［M］. 金融研究，1983（1）.
［272］洪葭管，中国金融史［M］. 成都：西南财经大学出版社，2001.
［273］洪葭管，中国金融史［M］. 成都：西南财经大学出版社，2001.
［274］［英］柯立斯，中国人民银行金融研究所译，汇丰——香港上海银行（汇丰银行百年史）［M］. 北京：中华局，1979.
［275］杨德才，近代外国在华投资：规模与效应分析［J］. 经济学，2007（3）.
［276］孙建华，近代中国金融发展与制度变迁［M］. 北京：中国财政经济出版社，2008.
［277］洪葭管，中国金融史［M］. 成都：西南财经大学出版社，2001.
［278］巫云仙，汇丰银行与中国金融研究［M］. 北京：中国政法大学出版社，2007.
［279］《北华捷报》，1850-12-14.
［280］孙建华，近代中国金融发展与制度变迁［M］. 北京：中国财政经济出版社，2008.
［281］［英］柯立斯，中国人民银行金融研究所译，汇丰——香港上海银行（汇丰银行百年史）［M］. 北京：中华书局，1979.
［282］当年汇丰的实收股本仍为 1000 万港元
［283］洪葭管，中国金融史［M］. 成都：西南财经大学出版社，2001.
［284］巫云仙，汇丰银行与中国金融研究［M］. 北京：中国政法大学出版社，2007.
［285］孙建华，近代中国金融发展与制度变迁［M］. 北京：中国财政经济出版社，2008.
［286］燕红忠，货币供给量、货币结构与中国经济趋势（1650-1936）［M］. 金融研究，2011（7）.
［287］李立侠，清代通货膨胀与官银号创设［J］. 社会科学，1983（1）.
［288］孙建华，近代中国金融发展与制度变迁［M］. 北京：中国财政经济出版社，2008.

[289] 王玉茹，燕红忠等，近代中国新式银行业的发展与实力变化 [J]. 金融研究，2009 (9).
[290] 大公报 1904 年 1 月 28 日 [J].
[291] 黄鉴晖，论我国银行业的起源及其发展的阶段性 [J]. 山西财经学院学报，1982 (4).
[292] 王玉茹，燕红忠等，近代中国新式银行业的发展与实力变化 [J]. 金融研究，2009 (9).
[293] 洪葭管，中国金融史 [M]. 成都：西南财经大学出版社，2001.
[294] 浙江实业银行的前身是浙江银行，1915 浙江银行改称浙江地方实业银行，1923 年，官商分家，各自营业，官股称浙江地方银行，商股称浙江实业银行，原有上海分行划归商股经营.
[295] 陶水木，浙江金融财团的形成及地位，中国经济史研究，2001 (1).
[296] Philip Richardson，Review：Banking in Modem China，The Journal of Economic History，V01.63，No.4 (Dec，2003).
[297] 中国银行经济研究室，全国银行年鉴 (1937 年) [Z]. 上海：汉文正楷印书局，1937.
[298] 王玉茹，燕红忠等，近代中国新式银行业的发展与实力变化 [J]. 金融研究，2009 (9).
[299] 朱荫贵，两次世界大战间的中国银行业 [J]. 中国社会科学，2002 (6).
[300] [美] 杨格，1927–1937 年中国财政经济情况 [M]. 北京：中国社会科学出版社，1981.
[301] 王玉茹，燕红忠等，近代中国新式银行业的发展与实力变化 [J]. 金融研究，2009 (9).
[302] 朱荫贵，两次世界大战间的中国银行业 [J]. 中国社会科学，2002 (6).
[303] 沈雷春，中国金融年鉴 [Z]. 台北：文海出版社，1974.
[304]《山西票号史料》编写组，山西票号史料 (增订本) [M]. 太原：山西经济出版社，2002.
[305] 尔芒图，十八世纪产业革命 [M]. 杨人、陈希秦、吴绪译. 北京：商务印刷馆，1983.
[306] 奇波拉主编，欧洲经济史 [Z]. 张菁译. 北京：商务印刷馆，1988 (2).
[307] 许涤新、吴承明主编，中国资本主义发展史第三卷 [M]. 北京：人民出版社，1993.
[308] 山西省史志研究院编，山西通史近代卷 [M]. 太原：山西人民出版社，2001 年.
[309] 汪敬虞，中国近代工业史资料 [M]. 科学出版社，1957.
[310] 中国科学院近代史研究所史料编辑室，洋务运动第 4 卷 [Z]. 上海：海人民出版社，1961.
[311] 山西省史志研究院编，山西通志第 50 卷 [Z]. 北京：中华书局，1999.

［312］清德宗实录［M］. 北京：中华书局，1986.
［313］张秉权编，山西工业基本建设简况［M］. 太原：山西省地方志编纂委员会，1987.
［314］山西省地方志编纂委员会编，山西通志附录［Z］. 北京：中华书局，2001.
［315］山西省史志研究院编，山西通史近代卷［Z］. 太原：山西人民出版社，1997.
［316］日本同文会编，中国分省全志山西省志［Z］. 太原：山西省地方志编撰委员办公室，1992.
［317］张秉权编，山西工业基本建设简况［M］. 太原：山西省地方志编纂委员会，1987.
［318］清德宗实录［M］. 北京：中华书局，1986.
［319］何汉威，京汉铁路初期史略［M］. 香港：香港中文大学出版社，1979.
［320］清实录山西资料汇编［Z］. 太原：山西古籍出版社，1996.
［321］山西省地方志编纂委员会编，山西通志铁路志［Z］. 北京：中华书局，1997.
［322］崔锁龙，胡聘之与山西近代工业的兴起［J］. 太原大学学报，2006.
［323］山西省地方志编纂委员会编，山西通志附录［J］. 北京：中华书局，2001.
［324］山西票号史料编写组，山西票号史料（增订本）［M］. 太原：山西经济出版社，2002.
［325］朱英，票商兴衰史的新探索，近代史研究，1995（1）.
［326］孔祥毅，金融贸易史论［M］. 北京：中国金融出版社，1998.
［327］山西票号史料编写组，山西票号史料（增订本）［M］. 太原：山西经济出版社，2002.
［328］燕红忠，山西票号资本与利润总量之估计［J］. 山西大学学报（哲学社会科学版），2007（6）.
［329］沈云龙，近代中国史料丛刊续编：第 79 辑［M］. 台北，文海出版社，1983.
［330］燕红忠，山西票号资本与利润总量之估计［J］. 山西大学学报（哲学社会科学版），2007（6）.
［331］孙中山，孙中山全集［M］. 第五卷，中华书局 1985.
［332］孙中山，孙中山全集［M］. 第二卷，中华书局 1982.
［333］张仲礼主编，中国近代经济史论著选译［M］. 上海：上海社会科学院出版社，1987.
［334］吴承明，吴承明集［M］. 北京：中国社会科学出版社，2002.
［335］吴承明，吴承明集［M］. 北京：中国社会科学出版社，2002.
［336］刘佛丁，中国近代经济发展史［M］. 北京：高等教育出版社，1999.
［337］张九洲，中国经济史概论［M］. 郑州：河南大学出版社，2007.
［338］杨天宏，口岸开放与社会变革——近代中国自开商埠研究［J］. 北京：中华书局，2002.
［339］张九洲，中国经济史概论［M］. 郑州：河南大学出版社，2007.
［340］赵德馨，中国近现代经济史［M］. 郑州：河南人民出版社，2003.
［341］张九洲，中国经济史概论［M］. 郑州：河南大学出版社，2007.

[342] 陈度，中国近代币制问题汇编第1册 [Z].1932.
[343] 洪葭管，中国金融史 [M]. 成都：西南财经大学出版社，2001.
[344] 叶世昌，中国近代货币本位制度的建立和崩溃 [M]. 中国钱币论文集第四辑，2002.
[345] 赵德馨，中国近现代经济史 [M]. 郑州：河南人民出版社，2003.
[346] 程霖，近代中国中央银行制度思想演进 [J]. 财经研究，2005 (3).
[347] 王红曼，对中国近代金融三次制度性创新分离之考察 [J]. 四川师范大学学报 (社科版)，2009 (4).
[348] 杜恂诚，官僚资本与旧中国社会性质 [J]. 社会科学，1982 (11).
[349] 中国人民大学，中国近代经济史 (下册) [M]. 北京：人民出版社，1978.
[350] 赵德馨，中国近现代经济史 [M]. 郑州：河南人民出版社，2003.
[351] 洪葭管，中国金融史 [M]. 成都：西南财经大学出版社，2001.
[352] 黄鉴晖，也谈山西票号和上海钱庄的性质 [J]. 金融研究，1983 (1).
[353] 孔祥毅，金融贸易史论 [M]. 北京：中国金融出版社，1998.
[354] 孔祥毅，王森，山西票号研究 [M]. 北京：中国财政经济出版社，2002.
[355] 洪葭管，中国金融史 [M]. 成都：西南财经大学出版社，2001.
[356] 江西巡抚胡廷斡奏折，军机处录副折.
[357] 孔祥毅，王森，山西票号研究 [M]. 北京：中国财政经济出版社，2002.
[358] 刘建生，山西票号业务总量之估计 [J]. 山西大学学报 (哲学社会科学版)，2007 (3).
[359] 孔祥毅，金融贸易史论 [M]. 北京：中国金融出版社，1998.
[360] 燕红忠，山西票号资本与利润总量之估计 [J]. 山西大学学报 (哲学社会科学版)，2007 (6).
[361] 贺光明，经理国库制度的演进及中国模式选择 [M]. 北京：中国金融出版社，2008.
[362] 燕红忠，山西票号资本与利润总量之估计 [J]. 山西大学学报 (哲学社会科学版)，2007 (6).
[363] 丁日初、沈祖炜，论晚清的国家资本 [J]. 历史研究，1983 (6).
[364] 全慰天，中国民族资本主义的发展 [M]. 郑州：河南人民出版社，1982.
[365] 吴承明，中国资本主义与国内市场 [M]，北京：中国社会科学出版社，1985.
[366] 吴申元，中国近代经济史 [M]. 上海：上海人民出版社，2003.
[367] 吴承明，中国资本主义与国内市场 [M]. 北京：中国社会科学出版社，1985.
[368] 陈晋文，对外贸易与中国现代化 [M]. 北京：知识产权出版社，2010.
[369] 刘健清等编，中国国民党史 [M]. 南京：江苏古籍出版社，1992.
[370] 马陵合，中国近代经济史 [M]. 安徽师范大学精品课程自编教材 Word 版.
[371] 陈晋文，对外贸易与中国现代化 [M]. 北京：知识产权出版社，2010.
[372] 杜恂诚，官僚资本与旧中国社会性质 [J]. 社会科学，1982 (11).
[373] 吴承明，中国资本主义与国内市场 [M]. 北京：中国社会科学出版社，1985.

［374］山西省概况介绍［N］. 山西日报，1949-09-01
［375］贯文，五十万工人兄弟会合了——第二届工代大会开幕特写［N］. 山西日报，1949-11-09.
［376］刘立敏、徐中林，阎锡山与山西近代化［J］. 晋阳学刊，2003年第6期
［377］山西省地方志编纂委员会编，山西通志［M］. 附录，北京：中华书局，2001.
［378］中国山西省委调查研究室编，山西工业经济调查［M］. 第1册，太原：山西人民出版社，1959.
［379］张秉权编，山西工业基本建设简况［M］. 太原：山西省地方志编篆委员会，1987.
［380］山西省委调查研究室编，山西省经济资料（第2分册）［Z］. 太原：山西人民出版社，1958.
［381］刘立敏、徐中林，阎锡山与山西近代化［J］. 晋阳学刊，2003.
［382］张秉权编，山西工业基本建设简况［M］. 太原：山西省地方志编篆委员会，1987.
［383］刘建生，山西近代经济史［M］，太原：山西经济出版社，1994.
［384］参见实业部国际贸易局编，中国实业志［Z］. 山西省第一篇，上海：实业部国际贸易局，1937.
［385］山西地方志编，山西地方志通讯［Z］.1982.
［386］正太史料［J］. 铁路月刊，1931年，正太线第1卷第7期.
［387］参见实业部国际贸易局编：中国实业志山西省第六篇［Z］. 上海：实业部国际贸易局，1937.
［388］安华，山西转型经济史研究［D］. 山西大学博士学位论文，2012.
［389］王尊光、张青樾，阎锡山对山西金融的控制与垄断［J］. 转引自山西省委员会文史资料研究委员会，山西文史资料，第十六辑，山西人民出版社，1981.
［390］许一友、王振华，太原经济百年史［M］. 太原：山西人民出版社，1994.
［391］王尊光，张青樾，阎锡山对山西金融的控制与垄断［Z］. 转引自山西省委员会文史资料研究委员会，山西文史资料第十六辑，太原：山西人民山版社，1981.
［392］山西省政协文史资料研究委员会、定襄县政协文史资料研究委员会，阎锡山与家乡［Z］. 山西文史资料，第六十七辑，太原：山西人民出版社，1990.
［393］张正廷：山西省银行片段回忆［L］. 转引自山西省委员会文史资料研究委员会，山茜文史资料第一O九辑，太原：山西人民出版社，1997.
［394］巫宝三，中国国民所得（1933）下册［M］. 北京：中华书局民国，1941.
［395］参见实业部国际贸易局编，中国实业志［M］. 山西省工业第二篇，上海：实业部国际贸易局，1937.
［396］张秉权，山西工业基本建设情况［M］. 太原：山西地方志编纂委员办公室，1981.
［397］景占魁，阎锡山与西北实业公司［M］. 太原：山西经济出版社，1991.
［398］吴文蔚，阎锡山传［M］. 台北：台北出版社，1982年.